AF494127

LOIS

DU CHANT D'ÉGLISE

ET

DE LA MUSIQUE MODERNE

SIGNES D'ABRÉVIATIONS.

—	liaison de deux sons formant un intervalle.
=	signe d'égalité.
×	multiplié par.
:	est à.
::	comme.
loi mus.	loi musicale.
to.	tonique.
sec	seconde.
ti.	tierce.
qua.	quarte.
qui.	quinte.
octac.	octacorde.
oct	octave.
maj.	majeur.
min.	mineur.
synt	syntonique.
altér	altération.
D. de M.	*Dictionnaire de Musique* de Rousseau.
Har. Univ.	*Harmonie Universelle* du P. Mersenne.
Not. et Ext.	*Notices et Extraits des manuscrits grecs*, par M. Vincent.
El. de Mus.	*Eléments de Musique*, par d'Alembert.

PARIS. — Imprimerie générale d'AD. DELCAMBRE et Cie, rue Breda, 15.

LOIS
DU CHANT D'ÉGLISE

ET

DE LA MUSIQUE MODERNE

NOMOTHÉSIE MUSICALE.

OUVRAGE UTILE A TOUS LES ECCLÉSIASTIQUES, MAITRES DE CHAPELLE, ORGANISTES,
DIRECTEURS DE CHANT,
A CEUX QUI ÉTUDIENT OU ENSEIGNENT LA MUSIQUE, ET QUI VEULENT AVOIR
UNE CONNAISSANCE EXACTE DE SES LOIS.

PAR

A. HERLAND.

> On ne doit point honorer du nom de MUSICIEN celui qui pratique seulement la musique par le ministère servile de ses doigts et de la voix, mais celui qui possède cette science par le raisonnement et la spéculation.
>
> BOECE, *cité par* ROUSSEAU.

PARIS
LIBRAIRIE ARCHEOLOGIQUE DE VICTOR DIDRON,
RUE HAUTEFEUILLE, 13.

MDCCCLIV

pas avec plus ou moins de vitesse, avec plus ou moins de force, suivant les modifications des idées ? Ne hausse-t-on pas et ne baisse-t-on pas le ton de la voix, ou, en d'autres termes, ne fait-on pas le son de la voix plus grave ou plus aigu, suivant les sentiments qu'on éprouve? Ces modifications de la voix doivent avoir des règles dans l'art de parler comme dans l'art de chanter; et leur exacte observance constitue le langage musical.

3. — La musique doit donc remonter à la plus haute antiquité Il est probable que les diverses nations qui se sont disputé l'invention de ce langage n'étaient pas en cela mieux fondées les unes que les autres; et l'époque de son origine a dû suivre de près celle de l'apparition de l'homme [1].

En effet, quelque restreintes que dussent être les idées des premiers hommes, le besoin de se les communiquer se fit bientôt sentir. Or, de tous les organes inhérents à notre constitution, l'oreille et la voix sont les seuls dont le concours puisse en tout temps opérer cette communication, et les seuls aussi spécialement affectés au service du langage des sons.

4. — Le langage musical n'étant qu'un effet de notre conformation, ses progrès ont dû se mesurer sur les progrès des connaissances humaines, ou plutôt sur le degré de perfectionnement de nos facultés physiques qui, seules, établissent la limite de nos connaissances. Ce perfectionnement est l'œuvre de l'homme; il est dans sa nature et dans sa destinée. Car, nés pour le travail, qui n'est, ou plutôt ne doit être que l'exercice modéré de nos facultés, l'expérience de tous les temps constate que ce perfectionnement est le résultat du travail et de la pratique.

Parmi des milliers d'exemples, je n'en citerai qu'un seul relatif à notre objet.

Deux personnes, l'une dont l'oreille n'est pas exercée, l'autre habituée à l'analyse des sons, ne sont pas également impressionnées à l'audition d'une cloche : la première, ne distinguant dans cette cloche qu'un seul son, ne peut avoir l'idée que du son principal ; la seconde, au contraire distinguera tellement bien,

1 « Si la parole, dit Rousseau, n'a pas commencé par du chant, il est sûr au moins qu'on chante partout où l'on parle. »

outre le son principal, plusieurs autres sons, qu'elle pourra assigner à chacun d'eux le degré qu'il occupe dans l'échelle musicale.

5. — Le progrès du langage musical ayant pour base le perfectionnement de nos facultés, a dû, suivant les temps, présenter diverses phases. L'extension de ce langage a dû être à chaque époque en rapport avec les connaissances spéciales qui, en développant les principes, ont permis d'observer. L'observation et l'analyse ayant porté à saisir les rapports de ressemblance, l'analogie aura servi de guide dans la route ouverte par la nature.

C'est ainsi que, parvenus à décomposer leurs pensées, les hommes durent être portés à modifier le son de la voix suivant les diverses modifications des idées. *Et le chant devint un art* [1]. C'est ainsi que, frappés par la beauté des sons simultanés produits par des objets inanimés, tels que les cordes tendues, on put soumettre ces sons à l'analyse ; l'application des connaissances qui en résultèrent produisit, sous la direction du génie, de nouveaux effets d'une beauté jusqu'àlors inconnue. Enfin ce fut ainsi que, poursuivant sa destinée, l'homme seul put enrichir son langage par celui de la nature. Mais, si de cette combinaison il dût résulter que le pouvoir de la musique, s'étendant au delà de l'homme sur les autres objets de la création, ne connut d'autres limites que celles de l'intelligence et du génie, il dut en résulter aussi que la pratique d'un tel art exigea des connaissances approfondies, non-seulement des passions humaines et du langage de la nature, mais encore des rapports intimes de l'homme avec cette même nature.

6. — Si le langage musical a trouvé sa source dans le besoin chez les hommes de se communiquer leurs pensées ; si de là, il a été facile de conclure que son origine doit remonter à la plus haute antiquité, il est d'un autre côté fort difficile, je dirai même

[1] Et cet art, pour l'être, dut devenir l'expression, le tableau des mouvements de l'âme. « L'art du musicien, dit Rousseau, consiste à substituer à l'image sensible de l'objet celle des mouvements que sa présence excite dans l'esprit. Il ne représente pas directemen la chose, mais il réveille en notre âme le même sentiment qu'on éprouve en la voyant. »

impossible, à défaut d'une bonne et fidèle tradition, de déterminer par qui et à quelle époque ce langage fut réduit en art [1].

Soutenir avec certains écrivains que l'invention de l'art musical est due à Mercure ou à Apollon, soit à Hermionne ou Harmonie, soit à Amphion, fils de Jupiter et d'Antiope, soit enfin aux muses, ne serait-ce pas soutenir et propager des traditions mythologiques? Ou bien encore, Terpandre aurait-il, du temps de Lycurgue, inventé les premiers modes et donné des lois à la musique? De toutes ces versions, comme de bien d'autres, quelle est la vraie? Ou plutôt, y en a-t-il une qui le soit? Car le premier qui, dit-on encore, passe pour avoir écrit sur cet art, est un contemporain de Darius Hystaspes, nommé Lasus, mais dont, remarquez-le bien, l'ouvrage est perdu.

Il a existé parmi les écrivains modernes un homme de haute intelligence, aussi avide de science qu'infatigable dans ses recherches. Rousseau, ce grand compilateur des auteurs anciens, a vainement tenté de tirer au clair l'histoire de la musique et celle de ses inventeurs.

7. — Le nom des inventeurs de l'art musical nous importerait peu, si d'ailleurs nous pouvions profiter de leurs travaux, si du moins l'invention nous était restée. Et par invention, j'entends ici la découverte des lois qui, dans la nature, régissent les sons, leurs intervalles, et les diverses combinaisons au moyen desquelles le génie, traduisant les accents naturels de la voix parlante par les accents artificiels de la voix chantante, flatte l'oreille, parle au cœur, et peut même, sans articulations de mots, peindre les sentiments, émouvoir et calmer les passions.

Un tel art paraît si étroitement lié à l'intérêt de l'humanité qu'on doit lui supposer depuis son invention une marche progressant de siècle en siècle vers la perfection. Mais si le contraire avait eu lieu, si ses inventeurs ou leurs descendants avaient omis ou négligé de transmettre les règles de cet art à la postérité, cette omission ne constituerait-elle pas de leur part un acte de lèse-humanité?

[1] « Il paraît que la musique a été l'un des premiers arts, car on le trouve mêlé aux plus anciens monuments du genre humain. » (*Dict. de Mus.*)

Pour éclaircir un pareil doute, nous ne saurions mieux faire que d'emprunter aux auteurs qui nous sont connus ce qu'ils ont su, dit ou pensé touchant la musique des temps passés. C'est donc dans leurs ouvrages que sont puisées les compilations qui forment la matière du chapitre suivant.

II

MUSIQUE ANCIENNE.

8. — Dans les temps anciens, les poëtes et les philosophes seuls pratiquaient l'art musical. Faisant leur principale occupation de l'étude du cœur humain et de tout ce qu'ils savaient dans la nature avoir des rapports avec lui, les grands hommes de l'antiquité durent bientôt connaître l'influence et le pouvoir de la musique sur les mœurs, s'attacher à en découvrir les principes et les lois, et porter cet art à un haut degré de perfection.

La crainte de nuire à ce qu'il peut y avoir de vrai touchant la musique des anciens, ne me permet pas de répéter ici les effets merveilleux et presque divins qu'on lui attribuait. J'aime la vérité, je la cherche, et ne veux pas me lancer dans le cercle des idées fabuleuses.

Plusieurs causes, du reste, concourent chez l'homme à dénaturer les faits qui passent à la postérité. Si ce n'est le défaut de mémoire qui, en retranchant une partie vraie, la remplace par une évidemment fausse, ce sera un fait incompris dont on voudra parler; et alors on tourne nécessairement dans un cercle vicieux. Plus souvent encore, car l'homme est ainsi fait, on aime à faire paraître merveilleux ce qui n'était que beau; enfin, le temps seul, en éloignant les époques, a pu voir toutes les métamorphoses qu'a subies un fait simple et vrai dans le principe, pour arriver à la postérité à l'état de pure fable.

Quoi qu'il en soit, si les hommes les plus savants, les historiens les plus judicieux, les philosophes les plus sages de l'antiquité n'ont pas été de grands imposteurs, s'ils ne s'étaient pas donné le mot pour tromper la postérité, et la tromper sans intérêt, il paraît certain, d'après l'abbé de Chateauneuf, Rousseau et autres, que la musique ancienne était infiniment supérieure à celle de notre époque.

9.— Au dire de Platon « on ne saurait toucher aux lois de la musique sans toucher à celles du gouvernement. Aristote lui-même, qui semble n'avoir écrit sa politique que pour opposer ses sentiments à ceux de Platon, est pourtant d'accord avec lui, touchant la puissance de la musique sur les mœurs [1]. » Cette puissance de la musique explique parfaitement pourquoi « dans les « temps anciens, les musiciens étaient appelés aux premiers em- « plois. »

« Lycurgue ordonnait en temps de paix des modes musicaux « qu'il condamnait avec sévérité en temps de guerre [2]. »

Serait-ce avec raison que Rousseau aurait dit : « La mu- « sique est déchue aujourd'hui de ce degré de puissance et « de majesté qu'elle avait autrefois, au point de nous faire dou- « ter de la vérité des merveilles qu'elle opérait. »

Enfin « toutes les histoires, dit Marpourg, sont pleines des « effets de la musique ancienne. Je veux croire, ajoute-t-il, qu'il « s'y trouve aussi beaucoup d'exagération. Les fables à part, il « est constant que la musique des Grecs a puissamment agi sur « l'esprit de ses auditeurs, et que, conséquemment, elle doit « avoir été fort belle. »

Il n'est donc pas étonnant que les artistes et les philosophes du moyen âge et des temps modernes se soient appliqués à la recherche et à l'étude de cette musique, dont les auteurs se sont plu à tant vanter les effets, mais dont ils n'ont su nous transmettre ni théorie ni principes.

10.—L'abbé Brossard cite soixante et quelques auteurs musiciens grecs, parmi lesquels Platon, Aristote, Aristoxène, Euclide, Diogène, Pythagore et autres. Les auteurs et même les célébrités n'ont donc pas fait défaut. Et cependant, chose ex-

1 D. de Rousseau, art. *Musique*.

2 Chateauneuf, p. 107.

traordinaire, la musique ancienne est restée jusqu'ici incompréhensible pour tous les modernes.

Selon toutes les probabilités, les attributs de la musique des Grecs leur provenaient de cette autre musique antique qu'ils avouaient eux-mêmes ne pas connaître, mais dont ils avaient pu recueillir quelques débris incomplets, suffisants cependant pour perpétuer dans la mémoire des peuples le souvenir des effets que cette musique produisait naguère.

11. — Voici, au reste, un exposé succinct de ce que l'on trouve dans les auteurs touchant les attributs de la musique grecque :

« Porphyre divise la musique en six parties, sous les noms d'harmonique, rhythmique, métrique, organique, poétique et hypocriptique. »

De toutes ces musiques, comme des quarante et quelques autres, dont l'abbé Brossard donne la nomenclature, une seule, l'harmonique, a eu assez d'importance chez les musiciens, tant anciens que modernes, pour mériter l'honneur de leurs recherches et de leurs disputes : C'est celle qui a pour objet la connaissance du rapport des sons et de leurs intervalles.

« Tout le système musical des Grecs ne fut d'abord composé que de quatre cordes tout au plus : les deux extrêmes sonnaient l'octave et les deux moyennes la partageaient en une quarte de chaque côté et un ton dans le milieu. »

Quelles pouvaient être la base et l'utilité d'un pareil tétracorde?

« Dans la suite, le système entier des Grecs fut composé d'une suite de tétracordes conjoints et disjoints, auxquels on avait ajouté au grave une corde, qui prit le nom de proslambanomène. »

« Chacun de ces tétracordes, renfermé dans l'intervalle d'une quarte, et composé de deux cordes stables et de deux cordes mobiles, était pour les Grecs un tout aussi complet que l'est pour nous une octave. »

Sur quels principes étaient donc établis ces tétracordes? Pourquoi chacun d'eux avait-il pour limites la quarte? Pourquoi deux cordes stables et deux cordes mobiles? Comment et dans quel sens chacun d'eux pouvait-il former un tout complet?

« Les quatre sons de chacun de ces tétracordes se chantaient par les syllabes *te*, *ta*, *thè*, *tho*, ce qui n'empêchait pas les Grecs d'employer 1,240 signes, selon Brossard, 1,620, selon Rousseau, et 1,860, suivant Martini, pour la notation de leur musique, dont l'étendue était de quinze ou tout au plus de vingt-deux sons, qu'ils prenaient de bas en haut et de haut en bas, de droite à gauche et de gauche à droite, de l'aigu au grave et du grave à l'aigu. »

Pourquoi de haut en bas, de droite à gauche et de l'aigu au grave, tandis que les modernes les prennent constamment en sens contraire?

« Quant aux intervalles que formaient entre eux les quatre sons de chaque tétracorde, il y avait là-dessus des disputes tellement vives que les musiciens grecs se formèrent en deux sectes, dont l'une eut pour chef Pythagore et l'autre Aristoxène, disciple d'Aristote. Les pythagoriciens fixaient les intervalles par le calcul, et sans égard pour l'oreille. Les aristoxéniens, au contraire, disaient s'en tenir uniquement au jugement de l'oreille, tout en établissant des calculs sur lesquels cet organe n'avait aucune prise, et ne pouvait asseoir aucun jugement. »

Lequel de ces philosophes avait raison?

Les genres, au nombre de trois, étaient le diatonique, le chromatique et l'enharmonique. Il y avait plusieurs systèmes. Nous en donnerons seulement les rapports numériques, d'après le système de Ptolémée :

DIATONIQUE.	CHROMATIQUE.	ENHARMONIQUE.
$\frac{243}{256} \times \frac{8}{9} \times \frac{8}{9} = \frac{3}{4}$	$\frac{27}{28} \times \frac{14}{15} \times \frac{5}{6} = \frac{3}{4}$	$\frac{45}{46} \times \frac{23}{24} \times \frac{4}{5} = \frac{3}{4}$

Quelle était la base de ces rapports, ou plutôt à quoi se rapportent-ils? Quel parti un musicien peut-il tirer d'un seul de ces trois genres?

« Quant aux nomes, tons et modes, (que les auteurs paraissent confondre dans la même acception), on ne peut, au juste, en apprécier le nombre Les uns n'en admettent que six, les autres dix, d'autres douze ou treize ; enfin, au rapport d'Alypius, il y avait quinze modes, que Ptolémée réduisit à sept. »

12. — Voilà, en résumé, d'après les auteurs, l'exposé des

principaux attributs de la musique ancienne. Mais la raison de ces attributs, les lois qui ont dû leur servir de base, ils n'en disent pas un mot.

Plusieurs auteurs modernes se sont occupés de cette musique. Si l'aveu d'un homme qui a beaucoup étudié et beaucoup écrit peut avoir quelque valeur, écoutez ceci : « La musique ancienne, « dit Rousseau, est inintelligible pour nous, tant les auteurs sont « confus, tant ils se sont embrouillés. » Et, non contents de se « contredire entre eux, chacun d'eux se contredit encore lui-« même. »

Le P. Mersenne, dans son *Harmonie universelle*, consacre quelques centaines de pages aux intervalles, aux genres et aux modes grecs ; mais, ne connaissant ni les lois, ni le pourquoi des intervalles, dont il a donné ou copié les rapports numériques, il ne connaît pas plus la raison des genres et des modes. Il en est à peu près de même des autres écrivains modernes : Les uns avouent franchement n'y avoir rien compris ; les autres finissent par dire que les Grecs eux-mêmes n'y comprenaient pas davantage. Tous enfin y ont mis tant de confusion, qu'ils ont eu le talent de nous jeter dans un véritable dédale, sans avoir la charité de nous tendre ensuite la main pour en sortir.

13. — Ce n'est donc pas à cette source que nous devons chercher les vrais principes de cette musique ancienne, à laquelle on a attribué de si merveilleux effets? Si l'histoire n'est pas un tissu de mensonges, il fut un temps où la pratique de l'art musical, de ce langage par excellence était le partage exclusif des poëtes et des philosophes, qui s'en servaient pour chanter les louanges de Dieu, pour exciter le cœur à des actions louables et pour l'enflammer de l'amour de la vertu.

D'après l'Histoire Sainte même, le roi Saül, dans ses accès de fureur et de frénésie, ne devait-il pas de redevenir homme au seul pouvoir des sons de la harpe de David?

La beauté et la vérité, toujours une, doivent être inhérentes à la sublimité d'un pareil langage. Dans la nature, tout est beau, car tout est vrai. C'est donc par elle, c'est en la prenant pour modèle, pour terme de comparaison, que l'on peut arriver à pratiquer un art et à en connaître les beautés.

C'est aussi en la prenant comme point de départ et d'imitation que nous parviendrons bientôt à connaître les lois et les véritables principes des attributs musicaux [1].

III

CHANT ECCLÉSIASTIQUE.

14. — « La musique, dit l'abbé de Chateauneuf, s'est éclipsée vers le milieu du sixième siècle, du temps de Boëce, pour reparaître, avec un attirail tout nouveau de termes et de méthode, vers le onzième, par Guido d'Arezzo. »

Connaître les principes et les lois de l'art musical est notre seul but. Dès lors, que cet art se soit éclipsé pendant plus ou moins de siècles, cela nous importerait peu ; mais il nous importerait beaucoup de savoir s'il ne s'était réellement qu'éclipsé ; car, dans ce cas, ne devait-il pas reparaître, non pas avec les mêmes termes, mais au moins avec les mêmes lois et les mêmes attributs?

Il est malheureusement trop certain que Guido, loin de nous transmettre les lois, ne nous a laissé de la musique que des débris et des attributs, altérés et méconnaissables; ce qui a fait dire à Rousseau, d'accord en cela avec tous les musiciens modernes : « La Musique ancienne différait entièrement de *celle* de « notre époque, tant par l'étendue de ses gammes et par les in- « tervalles qui les composaient, que par ses genres et ses modes. »

Il eut été plus exact de dire *celles* de notre époque, at-

1 Au moment de mettre sous presse, nous avons eu communication d'un travail remarquable intitulé : *Notices et extraits des manuscrits de la bibliothèque du Roi et autres bibliothèques, sur la musique des Grecs*, par M. Vincent, membre de l'Institut. Sans rechercher la base des lois musicales, et malgré les nombreuses contradictions des écrivains, l'auteur révèle des détails plus complets que tous ceux que l'on avait donnés jusqu'à ce jour. Dans le courant de notre ouvrage, nous aurons recours plus d'une fois aux savantes notices de M. Vincent.

tendu qu'il existe aujourd'hui deux musiques bien distinctes et bien tranchées, tant par leurs caractères que par leurs attributs.

L'une d'elles, née longtemps avant l'autre, porte les noms de musique sacrée, chant d'Église ou plain-chant.

L'autre, dite musique moderne, porte encore les noms de musique civile, musique profane, etc.

On a écrit des milliers de volumes sur la théorie et l'histoire de la musique. Le catalogue donné par Brossard, qui écrivait en 1703, porte environ 930 noms d'auteurs.

Comme nous tenons bien peu à l'histoire et beaucoup à la théorie, demandons encore aux auteurs un aperçu des diverses phases et de l'état actuel, d'abord du chant ecclésiastique, puis de la musique moderne.

15. — On manque de documents sur l'établissement des premiers chants de l'Église. L'on ne connaît positivement ni ses vrais fondateurs, ni ses réformateurs, encore moins en quoi a pu consister le travail de chacun d'eux [1].

Suivant quelques-uns, le chant des premiers chrétiens serait venu des Hébreux par les apôtres; suivant les autres, et c'est le grand nombre, ce chant aurait été établi sur le système musical des Grecs.

Quoi qu'il en ait été, et quelles que soient les échelles qui ont servi de base au chant de l'église, toujours est-il que pour bien comprendre celui-ci, il faut évidemment avoir une idée juste, une connaissance exacte de celles-là. Si donc, les centaines de livres que l'on a écrits sur la théorie de ce chant ne peuvent nous procurer cette idée juste, cette connaissance exacte, n'est-il pas tout aussi évident qu'ils sont, sous ce rapport, au moins inutiles.

En ce qui concerne le système musical des Hébreux, si on en a parlé, c'est d'une manière bien vague.

Quant au système des Grecs, tout le monde s'en est occupé;

[1] Suivant M. Fétis, l'un des musiciens les plus érudits de notre époque, « de vagues traditions concernant le chant dont les premiers chrétiens faisaient usage pour « louer Dieu, sont tout ce qui nous reste sur ce sujet intéressant.» (*Revue de la Mus. rel.*, par Danjou, p. 481.)

chacun s'est donné la satisfaction d'en parler, sans aucun profit pour l'art, ni pour la science.

16. — Selon la plus commune opinion, « saint Ambroise, « archevêque de Milan au IVe siècle (370), aurait introduit dans « son église les beaux chants des Grecs, en leur empruntant « quatre de leurs modes. »

Si nous demandons ce que c'est qu'un mode grec ? Rousseau nous dit : « Les anciens diffèrent prodigieusement entre eux sur « les définitions, les divisions et les noms de leurs tons ou « modes. Obscurs sur toutes les parties de leur musique, ils « sont presque inintelligibles sur celle-ci. Tous conviennent à « la vérité qu'un *mode* est un *certain* système ou une constitution « de sons, et il *paraît* que cette constitution n'est autre chose « en elle-même qu'un *certaine* octave remplie de tous les sons « intermédiaires, selon le genre. Euclide et Ptolomée *semblent* la « faire consister dans les diverses positions des deux demi-« tons de l'octave relativement à la corde principale du mode, « comme on le voit dans les huit tons du plain-chant. »

Puisque Rousseau, au lieu de nous répondre, nous renvoie aux tons du plaint-chant, suivons-le sur ce terrain.

Qu'entendez-vous par tons de l'église ?

« Les tons de l'Église, dit Rousseau, ne sont point asservis « aux lois de la musique. Il n'y est question ni de médiante, ni « de note sensible ; le mode y est peu déterminé et on y laisse « les demi-tons où ils se trouvent dans l'ordre naturel de « l'échelle, pourvu qu'ils ne produisent ni triton, ni fausse « quinte sur la tonique. »

Il y a dans cette réponse quatre phrases. Nous verrons aux 2e et 3e livres de cette nomothésie qu'elle contient aussi quatre erreurs.

17. — L'on nous dit encore : les modes ambrosiens étaient les anciens modes Dorien, Phrygien, Eolien et Mixo-Lydien grecs.

En définitive, qu'est-ce qu'un mode Dorien, un mode Phrygien, etc. ?

« Il y a, dit l'abbé Brossard, bien des disputes entre les au-« teurs sur les noms, le nombre, la nature et les effets des mo-

« des, et encore plus sur les rapports des modes anciens avec « les modernes. »

Suivant la plupart des auteurs, les modes ambrosiens ci-dessus étaient assis sur les cordes *d*, *e*, *f*, *g*; cependant Ptolémée place les mêmes modes sur *c*, *d*, *e*, *f*. Ce qui implique contradiction.

Si les musiciens grecs ne s'accordaient guère entre eux sur le nombre de leurs modes, il en est encore de même des musiciens sacrés pour les modes du plain-chant.

Vers la fin du VIe siècle, saint Grégoire, dit-on, en adoptant les quatre modes ambrosiens, qu'il appela authentiques, y ajouta quatre autres modes qu'il nomma plagaux.

Parmi les auteurs les plus modernes (1851 et 1852), les uns portent à quatorze le nombre des modes; il serait de douze, suivant quelques autres, au dire desquels « le ton de *si* n'a jamais » mérité d'être compté parmi les tons du plain-chant. »

18. — J'ai laissé parler les auteurs. Qu'on veuille bien aussi me permettre quelques observations.

Les quatre, les huit, les douze et les quatorze modes sont établis par nos de 1 à 14.

Vous commencez, dites-vous, par la gamme de *ré*, qu'il est convenable de placer la première, *puisqu'elle est la gamme du premier mode.*

Pourquoi la gamme de *ré* est-elle la gamme du premier mode, et ainsi des treize autres?

En affectant ainsi un chiffre à chaque mode, vous avez voulu incontestablement établir un certain ordre dans leur classement.

Eh bien! vous y avez mis le plus grand désordre.

19. — Voici un point sur lequel vous êtes tous parfaitement d'accord. « Le genre diatonique est le seul genre dans lequel fut « composé le plain-chant. »

Avez-vous bien analysé le genre diatonique grec? Vous en êtes-vous rendu compte? Comment le connaissez-vous? Est-ce par ce que nous en ont dit les musiciens grecs? Mais l'on sait qu'ils n'ont jamais donné la raison d'un seul des attributs de leur musique; qu'ils ne s'accordaient entre eux ni sur la nature ni sur les effets de ces attributs; que leurs ouvrages sont pleins de contradictions et de confusions : l'on sait enfin que Jean-Jacques disait en parlant des musiciens grecs, qu'ils étaient de grands charlatans : et on a crû sur parole ces mêmes charlatans dont les contradictions et les exagérations étaient propres tout au plus à ne tromper qu'eux-mêmes.

« Le chant d'Église, dit-on, est riche. » Oui, et plus riche qu'on ne le croyait. Nous verrons bientôt que le genre diatonique, le seul admis jusqu'ici, y est accompagné de trois autres genres.

20. — Il est une autre question que les disputes incessantes n'ont pas encore résolue : d'où proviennent ces altérations (bécarres et bémols) qui paraissent et disparaissent dans les pièces de chant ?

Les réponses des divers auteurs peuvent se résumer ainsi qu'il suit :

« 1° Ces altérations sont dues à l'ignorance des clercs et des moines. »

« 2° Le bémol n'a été *inventé* que pour tempérer le triton. »

« 3° *Si* contre *fa* est le diable en musique. »

« 4° On ne peut réunir dans la même neume le *bécarre* et le *bémol*. »

« 5° On doit faire usage dans le plain-chant du demi-ton haussant. »

« 6° On doit se garder d'introduire dans le chant ce signe altératif. »

Toutes ces contradictions s'écrivent de nos jours. Chacun, il est vrai, s'autorise de ses auteurs ; mais, ne voit-on pas qu'avec ces seuls appuis, les discussions sont interminables ? Le nom d'un homme, quelle que soit sa célébrité, ne saurait tenir lieu ni de raison ni de principes.

Il est à remarquer que, dans les échelles des modes, on ne signale pas une seule altération. Pourquoi donc adopter quatorze modes pour employer des sons qui n'appartiennent à aucun ?

21. — Pour réfuter toutes les erreurs que l'on a publiées et que l'on publie encore sur ce qui concerne le chant d'Église, tout un volume ne suffirait pas. Nous dirons seulement qu'il est

pénible de voir ceux-là mêmes qui semblent désirer le plus vivement la restauration du chant sacré, y apporter, involontairement sans doute, les plus grands obstacles. Quelques-uns même, ont fait de nouvelles éditions du chant romain, donnant ainsi des preuves qu'ils ne connaissaient ni les éléments, ni les propriétés, ni le but même de ses modes.

22. — Depuis bien des siècles on signale, comme une chose réellement déplorable, la dissemblance entre les livres de chœur. Aussi, dans tous les temps, et aujourd'hui plus que jamais, a-t-elle fait désirer l'unité dans les chants liturgiques. Tout ce que l'on a tenté dans ce but a échoué ; et il n'en pouvait être autrement, car, des trois moyens, ou plutôt des trois conditions sur lesquelles repose cette unité, aucune jusqu'ici n'a été remplie.

Première condition. Pour obtenir l'unité dans le chant, il faut, avant tout, qu'elle existe dans ses principes. Or, la discordance entre les livres de chœur, et les disputes incessantes et quelquefois scandaleuses des écrivains, sont des preuves évidentes du manque d'unité et même de l'absence des principes. La première condition d'unité, condition que je viens remplir, consistait donc à découvrir et à porter à la connaissance de tous, les lois et les principes du chant d'Eglise.

Deuxième condition. Il suffit de se rappeler l'échec du grand Palestrina pour savoir que la restauration du chant ne saurait être l'œuvre d'un seul homme, ni même d'une commission appartenant à quelques diocèses, mais d'une commission spéciale approuvée d'un commun accord par le Saint-Père et les évêques, puisqu'à eux seuls appartient le droit de rejet ou d'adoption. L'adoption générale, l'unité enfin ne saurait résulter que de ce commun accord.

Troisième condition. Tous les ecclésiastiques [1], les maîtres de

[1] Le 5e concile de Milan, ch. V, veut « qu'on ait soigneusement égard, non-seule- « ment à la vertu et à la capacité de ceux qui se présentent aux ordres, mais encore à « leur *science* dans le chant. » Le concile de Latran, ch. XXVII, tenu sous Innocent III, « met le chant à la tête des choses qu'un ecclésiastique doit *absolument savoir*, pour rem- « plir dignement les fonctions attachées à son état. » (Poisson, *Nouvelle Méthode pour le plain-chant*, p. 51.)

chapelle, les directeurs de chant, les organistes, doivent posséder et connaître les lois des éléments qui composent le chant et les règles particulières de ses genres, de ses nomes et de ses modes. La restauration du chant sacré serait une œuvre à peu près illusoire, si l'ignorance de ceux qui sont dans l'obligation de le pratiquer venait encore remplacer l'unité par le désordre.

J'ose le répéter : la première de ces trois conditions est aujourd'hui remplie. Que les deux autres le soient de même, et, Dieu aidant, nous verrons se réaliser bientôt cet objet de notre commun désir, *l'unité dans les chants liturgiques.*

IV

MUSIQUE MODERNE.

23. — La musique, disent les musiciens modernes, a son principe dans la nature. Comment se fait-il donc qu'étant d'accord sur la base de cette théorie qu'ils ont tant cherchée, tant étudiée, tant traitée, ils ne soient pas encore parvenus à se comprendre?

N'est-il pas dès lors permis de se demander si les musiciens modernes n'ont pas fait fausse route ; si, cherchant la vérité, ils n'ont pas pris à côté et donné dans l'erreur?

En effet, dans tous les systèmes de la musique moderne, et ils sont assez nombreux, leurs auteurs semblent tous être partis du même point ; tous, à les en croire, ont rencontré la nature; mais alors, s'ils n'ont pas donné dans l'arbitraire, pourquoi chez eux ces critiques, ces contradictions, ces disputes sur les principes de leur mélodie et de leur harmonie? Ne serait-ce pas que dans leurs recherches, prenant les branches de l'arbre pour la tige principale, ils ont cru parvenir au sommet en atteignant chacun une branche dont les ramifications les écartaient à la fois du centre et du sommet?

24. — Consultons d'abord le P. Mersenne.

Dans son grand et volumineux traité de l'harmonie universelle qu'il publia en 1636, ce R. P. nous donne, dit-il, *l'origine* des gammes diatoniques, chromatiques et enharmoniques, tant anciennes que modernes, avec les intervalles qui les composent et les rapports numériques de tous ces intervalles [1]. Et cependant, après d'assez minutieuses et infructueuses recherches, nous sommes forcé d'avouer que nous n'avons pu obtenir du R. P. ni l'origine d'une seule gamme, ni l'ombre d'un principe.

24. — Rameau, dont le système est encore très-suivi, se fonde, au dire même de ses admirateurs Rousseau et d'Alembert, sur des suppositions gratuites et sur des expériences chimériques pour trouver l'origine du genre mineur, ce qui prouve suffisamment qu'il n'avait pas trouvé celle du genre majeur.

Rousseau qui, dans son *Dictionnaire de Musique*, suit ce système, nous dit : « qu'il s'écroule par sa base: et que le système de Ra-« meau, quelque ingénieux qu'il paraisse, n'est rien moins que « fondé sur la nature; car des expériences dont il le déduit, l'une « est reconnue fausse, et l'autre ne fournit pas les conséquences « qu'il en tire. »

25. — d'Alembert, en donnant ses *Eléments de musique* dans le seul but d'éclaircir et de développer le système de Rameau, s'en est fait ainsi le partisan et l'interprète. Nous ne saurions mieux faire que de consulter ces *Eléments*.

Nous demanderons donc à d'Alembert:

1° Par quel moyen un son peut-il engendrer un autre son qui lui préexiste?

Car il résulte des chapitres 3 et 4 des *Eléments de Musique*, que Rameau donne pour base de ce que l'on appelle mode majeur d'*ut*, une suite de quintes, comme suit:

1° Le son fondamental *ut*, comme générateur.

2° La quinte au-dessus, *sol*.

(1) Voici au reste un faible échantillon de la simplicité des rapports numériques assignés par le P. Mersenne aux intervalles musicaux. Nous n'en donnerons que deux pour exemple; le rapport du sol, et celui du sol dièze qui lui succède immédiatement dans l'échelle musicale.

Sol, 200,000.

Sol dièse, $\sqrt{}$cccc2,048,0000000000,0000000000,0000000000,0000000000,0000000000,0000000000

3° La quinte au-dessous, *fa*, comme générateur de l'*ut* fondamental.

Comment ce son *fa* peut-il donc engendrer le son fondamental *ut*, placé comme base?

Rousseau, qui ne pouvait se faire à l'idée de cette quinte en dessous, s'exprime en ces termes: « Que M. Rameau nous dise « donc qu'il prend la quinte en dessous, parce qu'il trouve la « quinte en dessus, et que ce jeu de quintes lui paraît commode « pour établir son système. On pourra, continue-t-il, le féliciter « d'une ingénieuse invention.»

26. — Avant d'en finir avec le système de Rameau, demandons encore à d'Alembert:

1° Quelle basse fondamentale a jamais produit une sixte, ni une septième?

2° Comment un harmoniste peut-il, d'après le système de Rameau, justifier un seul accord de septième, par exemple l'accord *sol, si, ré, fa.*

3° Quel besoin a-t-on d'une basse fondamentale pour engendrer des sons, si l'on peut faire servir dans les accords de cette basse des sons qui ne lui appartiennent pas?

4° Quel est donc le générateur du *fa* dans l'accord ci-dessus?

27. — On se persuaderait difficilement que Rameau, contemporain de Rousseau, et d'Alembert, son collaborateur dans l'*Encyclopédie*, n'aient pas lu, à l'article Tétracorde du *Dictionnaire de Musique*, le passage suivant: « Nicomaque, au rapport de « Boëce, dit que la musique, dans sa première simplicité, n'avait « que quatre sons ou cordes, dont les deux extrêmes sonnaient « le diapason entre elles (l'octave), tandis que les deux moyennes, « distantes d'un ton l'une de l'autre, sonnaient chacune la quarte « avec l'extrême dont elle était la plus proche, et la quinte avec « celle dont elle était la plus éloignée, comme *ut, fa, sol, ut.* »

Si Rameau et d'Alembert ont lu ce passage, ce qui pour moi n'est pas douteux, cela s'appelle passer à côté de la vérité pour donner tête baissée dans l'erreur. Au reste, il ne faut pas s'en étonner: Rousseau lui-même écrivait cette vérité, et n'en comprenait pas l'importance, et ne voyait pas quel parti on en pouvait tirer.

Nous aurons bientôt occasion de voir que dans le tétracorde *ut*, *fa*, *sol*, *ut*, les trois sons *fa*, *sol* et *ut* ont pour générateur commun l'*ut* fondamental.

28. — Dans un système entièrement opposé à celui de Rameau, système qui, d'après Rousseau, s'il n'est pas celui de la nature, est au moins, de tous ceux qu'on a publiés, celui dont le principe est le plus simple et dont les lois de l'harmonie paraissent naître *le moins arbitrairement*, Tartini, non content de prendre comme les autres l'arbre à sa racine, c'est-à-dire aux parties aliquotes, appelle encore à son secours la production d'un troisième son par deux sons simultanés. S'appuyant ensuite pour établir la mélodie et l'harmonie sur la nature arithmétique, géométrique et harmonique du cercle, il ne peut trouver même l'échelle majeure qu'au moyen de trois accords. Et le célèbre Tartini, prenant aussi l'effet pour la cause, ne s'aperçoit pas qu'il ne peut faire ces accords sans avoir préalablement trouvé son échelle, que par conséquent il ne trouve pas.

M. Serre, dans ses *Essais sur les principes de l'harmonie*, nous dit : « qu'il doit y avoir une basse essentiellement et rigoureu-« sement fondamentale, seule susceptible d'une démonstration « physico-mathématique ; seule propre à manifester l'influence « du principe de la résonnance ; la seule méritant le nom de « boussole de l'oreille. » En cela, il a parfaitement raison ; mais il se borne à pressentir la nécessité de cette basse, et se garde bien d'en faire la démonstration.

Critiquant ensuite le mode mixte de M. de Blainville, puis Rameau sur sa basse fondamentale et sur l'origine du genre mineur, il croit lui-même trouver cette origine dans la modification des accords dissonnants de septième. Puis, mécontent plus tard de sa découverte, mais trouvant à son gré la gamme majeure toute faite, il ne voit rien de mieux, rien de plus commode que de renverser le genre majeur pour en faire le mineur.

Faut-il vous citer encore les théories de M. de Boisjelon et celles d'Euler avec leurs formules algébriques ; celles de M. Sauveur avec ses 43 mérides, ses 301 eptamérides, portés à 3,010 décamérides ?

Nous n'en finirions pas s'il fallait s'arrêter aux divers systèmes qui, tour à tour, ont vainement prétendu rendre raison des principes de la musique. Cette étude serait d'ailleurs fatigante et sans utilité aucune.

29. — A défaut du secours et des lumières que nous cherchions vainement dans les auteurs, essayons donc de débrouiller ce chaos, en nous adressant à la nature elle-même, dont le langage est vrai et toujours intelligible pour qui peut et veut bien remplir toutes les conditions qu'elle impose à ses interrogateurs.

Car, ne l'oublions pas, le langage musical n'a pas pour but unique de flatter l'oreille ; il est aussi principalement destiné à peindre les sentiments et les diverses situations de l'âme. Il ne saurait donc avoir pour guides le caprice et la routine. Le génie, pour faire valoir une telle langue, doit avoir à son service des principes fixes, incontestables, et aussi immuables que la nature qui leur sert de base. C'est donc cette nature qu'il faut interroger, étudier et connaître pour parler la langue musicale, pour être réellement musicien.

Rappelons-nous enfin cette maxime de Boëce, citée par Rousseau, et placée en tête de cet ouvrage :

« On ne doit point honorer du nom de musicien celui qui « pratique seulement la musique par le ministère servile des « doigts et de la voix, mais celui qui possède cette science par « le raisonnement et la spéculation. » Et nous comprendrons que la science des sons, de cette langue qui, par sa puissance incontestée sur le cœur et les passions, peut contribuer à la bonté et à la douceur des mœurs, ne saurait être assez répandue, et qu'il est du devoir de tous ceux qui ont pour mission de gouverner les hommes, de protéger cette science, d'ordonner même qu'elle fasse partie essentielle de l'éducation et de l'instruction populaire.

LIVRE PREMIER

LOIS FONDAMENTALES DE LA MUSIQUE

PRÉLIMINAIRES.

I

30. — L'instinct musical est-il inné dans l'homme ?

Par nous-mêmes, et sans la participation de toute cause étrangère à notre constitution, pouvons-nous connaître et produire les sons suivant les combinaisons et les intervalles usités en musique ?

Avant de répondre à ces questions, considérons un instant l'un des deux organes spécialement affectés à la musique, l'*oreille*.

L'étude de cet organe, seul propre à la perception des sons, est du ressort de la physiologie et de l'histoire naturelle : nous dirons donc, seulement en ce qui le concerne, qu'on le croit formé d'une membrane pouvant entrer facilement dans un mouvement vibratoire.

Cette membrane est-elle chez tous les individus dans les mêmes conditions? Est-elle chez tous d'une ténuité, d'une impressionnabilité, d'une sensibilité égales ?

L'affirmation n'est ni admissible ni même supposable. La négation, au contraire, est journellement constatée.

Il n'appartient donc à aucun de nous de régler, de déterminer instinctivement les intervalles musicaux. Une telle prérogative ne saurait être accordée à personne, sans placer ces intervalles sous le régime de l'arbitraire, sans les livrer à des disputes d'autant plus interminables que l'oreille la plus atrophiée, comme l'oreille la plus délicate prétendrait y avoir des droits égaux.

31. — Mais alors, existe-t-il, en dehors de nous, un instrument type, un tonomètre naturel, invariable, auquel nous soyons forcés de nous soumettre, et sur les intervalles duquel toute contestation de notre part devienne un aveu formel de la constitution viciée de notre oreille ?

Tel est le problème dont la solution fera l'objet de nos premières études, et auquel nous consacrerons ce livre premier.

II

32. — De toutes les connaissances soumises au domaine de l'acoustique, il en est une dont le musicien ne saurait se dispenser : c'est celle qui a rapport aux intervalles musicaux. Cette connaissance est pour lui tellement indispensable que son absence anéantit toutes les autres.

En effet, pratiquer ou parler le langage musical, consiste à faire les sons plus graves ou plus aigus, plus ou moins forts, à leur donner plus ou moins de durée ; et enfin à faire qu'il se succèdent avec plus ou moins de vitesse.

Frappez donc comme il vous plaira, et suivant toutes les lois du rhythme, sur un tambour ou sur un timbre quelconque ; variez même par tous les degrés de force et de vitesse, vous n'en tirerez jamais un seul intervalle appréciable, vous obtiendrez la monotonie prise dans la vraie acception du mot.

Il n'y a donc point de musique sans intervalle.

33. — Les musiciens, tant anciens que modernes, ont épuisé jusqu'ici bien des volumes, sans pouvoir encore formuler les lois des intervalles musicaux. Leurs divisions et leurs disputes ont généralement porté sur la valeur et la position de ces intervalles, preuve évidente de l'importance qu'ils y attachaient ; et, en cela, ils avaient parfaitement raison ; car on ne saurait imiter la nature si l'on s'écarte des bornes qu'elle prescrit, si l'on ne se soumet à ses lois.

On ne peut donc admettre dans le langage musical que des intervalles par elle indiqués et désignés.

Aussi nos recherches tendront-elles à acquérir d'une manière positive cette connaissance indispensable qui, vraie pierre de touche du musicien, semble n'avoir été jusqu'ici qu'une pierre d'achoppement.

CHAPITRE PREMIER.

NOTIONS D'ACOUSTIQUE, CONSIDÉRÉES COMME NÉCESSAIRES A L'INTELLIGENCE DES LOIS MUSICALES.

---

§ 1er.

ÉLASTICITÉ DES CORPS, — MOUVEMENT VIBRATOIRE. — FORMATION, LIMITES ET TRANSMISSION DU SON.

34. — Tous les corps dans la nature sont plus ou moins doués d'élasticité, c'est-à-dire de cette propriété qui consiste en ce qu'étant soumis momentanément à une force étrangère qui les détourne de leur position naturelle, jusqu'à certaines limites, ces corps reviennent à leur premier état par un mouvement vibratoire ou par une suite d'oscillations.

Soit, par exemple, une lame de métal *a (Fig. 1)*, fixée en *b*, suivant une direction *a* et *b*. Si l'on fait venir l'extrémité *a* de cette lame en *c*, et qu'on l'abandonne ensuite, elle viendra d'elle-même jusqu'en *d*, retournera presqu'en *c*, et fera ainsi une suite d'oscillations dont les arcs *c a d* iront continuellement en diminuant jusqu'à ce qu'enfin elle reste en repos dans son lieu primitif *a*.

35. — Les expériences faites pour déterminer les phénomènes du son prouvent que, si les oscillations d'un corps, dans un milieu capable de les transmettre à notre oreille, se font avec une certaine rapidité, nous sommes affectés d'une manière particulière, nommée *son*.

Je dis avec une certaine rapidité, car, au-dessus comme au-dessous d'un certain nombre de ces vibrations dans un temps donné, elles n'affectent pas l'oreille d'une manière assez sensible pour y produire un son.

Suivant la plupart des physiciens, le son le plus grave qu'il nous soit donné d'entendre et d'apprécier est celui de 30 à 32 vibrations par seconde de temps. Le son le plus aigu serait, d'après les expériences faites en 1845 par M. Despretz, de 73,000 vibrations par seconde.

Il existe des moyens faciles et à la portée de tout le monde pour vérifier que, réciproquement, tout corps qui produit un son est dans un mouvement vibratoire.

Si, par exemple, on pince fortement une corde de violoncelle ou de piano, elle produit un son ; et on la voit aussitôt décrire de tous côtés des courbes *b a c*, *b d c* (*Fig. 2*). Ces courbes se succèdent avec une rapidité telle que l'opacité de la corde disparaît. Dans cet état, le frétillement qu'elle produit au contact d'un corps quelconque, soit le frémissement qu'elle communique à la main, si on l'y porte, prouvent également à l'ouïe comme au tact l'état d'agitation, les vibrations de cette corde.

36. — L'air est le milieu dans lequel nous vivons. Cet air uniquement composé de gaz est un fluide éminemment élastique. Toutes les fois qu'on entend un son, l'on est donc sûr que l'air a été mis en mouvement.

En effet, si l'on place sous le récipient d'une machine pneumatique un timbre auquel on ait appliqué un mouvement à réveil, on s'aperçoit que le son perd de son intensité au fur et à mesure que l'on aspire l'air contenu dans le récipient ; et si l'on y opère le vide, il n'y a plus de son, bien que le marteau frappe le timbre. Le seul moyen de l'entendre de nouveau est la restitution de l'air.

L'air est donc le véhicule du son, quel que soit d'ailleurs son mode d'action dans la transmission des vibrations sonores.

Le mode de transmission et de propagation du son importe peu à notre objet. Il nous suffit de savoir, et les expériences ci-dessus nous ont prouvé d'une manière suffisante que *la sensation appelée* son *est l'effet ou le résultat d'un certain nombre de vibrations dans un temps donné.*

§ 2.

MODIFICATIONS DU SON.

37. — Le son n'étant que la sensation résultant des vibrations d'un corps, on conçoit que toute différence dans leur manière d'être, soit dans le nombre, soit dans l'amplitude, soit dans le mode des vibrations, etc., apporte une modification dans la sensation de l'organe appréciateur.

On peut donc considérer les vibrations sonores sous plusieurs points de vue :

1° Sous le rapport numérique, elles déterminent la gravité et l'acuité relative des sons ;

2° De leur degré d'amplitude dépend, toutes choses égales d'ailleurs, le degré d'intensité, ou autrement la force et la faiblesse du son [1] ;

3° Leur mode ou manière de vibrer constitue la nature du son ;

4° La nature matérielle du corps vibrant donne le timbre du son ;

5° Enfin, la qualité du son dépend, toutes choses d'ailleurs égales, de l'état d'isochronisme des oscillations [2].

Sous chacun de ces rapports, le son est encore modifiable à l'infini. De sorte que la théorie des sons ou la science de l'acoustique exige des recherches et une étude spéciale dans chacune de ces diverses branches, toutes applicables à la musique, prise dans le sens général ; mais dont la première, relative aux rapports numériques des vibrations, suffit à la possession de la science musicale.

§ 3.

APPRÉCIATION DU SON.

38. — De la définition du son et des articles 34, 35 et 36 il résulte que si deux ou plusieurs sons se font entendre simultanément, l'air se trouve agité en même temps par deux ou plusieurs séries de vibrations.

Les vibrations de ces séries peuvent être, dans des temps égaux, égales ou inégales en nombre. Ce dernier cas ayant lieu, il existe entre les vibrations de ces séries une différence numérique.

Le moyen de déterminer cette différence constitue l'appréciation du son.

Un instrument fort simple et généralement connu, peut servir à l'intelligence de cette appréciation.

On sait que le volant ou ventilateur à palettes des grandes

[1] Par degré d'amplitude des vibrations on entend l'espace plus ou moins grand qu'embrassent les points les plus écartés du corps vibrant. Tels sont les points *c* et *d*, Fig. 1, *a* et *b*, Fig. 2.

[2] Si, par exemple, la lame *a*, *b*, (*Fig. 1*), vient à perdre son élasticité, soit par une paille en un point quelconque *e*, soit par toute autre cause, l'oscillation de *c* en *d* et celle du retour de *d* en *c* n'auraient plus lieu dans les temps égaux. Par cela seul, cette lame, tout en conservant l'isochronisme de ces vibrations, perdra celle de ses oscillations. Telles sont les cloches fêlées, les cordes pailleuses, etc.

usines, mu avec une grande vitesse, produit un son en tout comparable à celui de nos grands tuyaux d'orgue.

Soit donc une palette *p* (*Fig.* 3), en mouvement de rotation autour d'un axe *a*, avec une vitesse capable d'agiter la carte *c*, par exemple, 240 fois dans un temps donné.

Soit une deuxième palette *p'*, fixée à l'axe *a'*, et se mouvant avec une vitesse de 320 tours dans le même temps.

Les agitations rapides imprimées simultanément aux extrémités *e*, *e'* de la carte *c*, produiront ainsi deux sons dont les vibrations seront entre elles dans le rapport de 240 à 320, ou :: 3 : 4. L'oreille, diversement affectée par l'inégalité numérique de ces deux séries de vibrations, distinguera parfaitement dans ces deux sons leur relation de gravité et d'acuité.

Si, voulant donner le change à l'oreille, on fait mouvoir les palettes *p* et *p'* avec des vitesses égales, par exemple, de 320 tours dans le même temps, les deux séries de vibrations étant alors d'un synchronisme parfait, les deux sons affectent l'oreille de la même manière : leur identité lui paraît telle qu'ils se confondent pour elle en un seul son.

39. — Enfin, pour connaître jusqu'à quel point l'oreille est apte à juger de la relation de gravité et d'acuité des sons, pour nous faire une idée de l'exactitude et de la certitude avec lesquelles elle détermine certains rapports numériques des vibrations, soumettons-la à l'épreuve suivante :

Maintenons, par exemple, à la palette *p'* sa vitesse de 320 tours, et donnons à la palette *p* une vitesse de 320 tours et demi. Il est évident que, rigoureusement parlant, le synchronisme des deux séries de vibrations *p* et *p'* n'existera plus ; car la palette *p'*, retardant d'un demi-tour par 320 de la palette *p*, la coïncidence de ces deux palettes sur les points *e* et *e'* de la carte *c*, n'aura plus lieu qu'au 641e tour de *p*.

Dans cet état, l'oreille, en écoutant simultanément ces deux sons, n'y reconnaît tout d'abord aucune altération et semble les confondre en un seul et même son. Mais, bientôt affectée et réveillée par des pulsations ou des mouvements saccadés que l'on a nommés battements, elle acquiert la certitude que l'accord de ces deux sons et le synchronisme de leurs vibrations sont également altérés. Le seul moyen de faire disparaître les battements d'un tel accord est de rendre aux vibrations leur égalité numérique.

Ces battements n'ont lieu que dans le seul cas de simultanéité des sons ; car en écoutant alternativement les deux sons ci-dessus, il n'y a plus de battements : l'oreille en est affectée de la même manière, et croit entendre la répétition du même son.

C'est ainsi qu'à défaut de battements cette altération lui échappe ; d'où il suit que si deux sons ne peuvent être appréciés simultanément, ils ne peuvent l'être, à plus forte raison, entendus successivement ; car un son, en passant dans l'oreille, n'y imprime pas le nombre de ses vibrations ; son influence, n'y étant qu'instantanée, n'y laisse aucune donnée fixe par laquelle elle puisse le comparer rigoureusement au son qui lui succède.

40. — Mais s'il est impossible d'apprécier l'intervalle de deux sons successifs, d'un autre côté, deux sons appréciables à leur audition simultanée peuvent, au moyen des battements, être déterminés d'une manière exacte et rigoureuse. Et l'expérience journalière constate que les battements de deux sons simultanés *sont*, toutes choses égales d'ailleurs, *d'autant plus fréquents que leur accord est plus altéré*, et inversement : en sorte que la justesse parfaite une fois obtenue, les battements disparaissent complétement.

Nous disons toutes choses égales d'ailleurs, car des accords également altérés ne produisent pas toujours le même nombre de battements.

Soit, par exemple, deux accords, l'un de deux sons dans le rapport de 319 à 320 vibrations ; l'autre de deux sons dont les vibrations seront en raison double comme 638 à 640.

L'expérience prouve que le second accord donnera le double des battements du premier ; que si, par exemple, l'accord 319-320 donne deux battements dans un temps donné, l'accord 638-640 en donnera quatre dans le même temps.

Il est de toute évidence, cependant, que ces deux accords sont également altérés puisque 319 : 320 : : 638 : 640 ; et que, de plus, l'on a sans battements les accords 319-638 et 320-640.

Il résulte de là que, *si dans deux accords également altérés les battements ne sont pas en nombre égal, ils sont entre eux du moins comme les vibrations.*

Nous n'avons pas à rechercher ici la raison des battements. Ce phénomène, sur lequel on ne s'est pas encore clairement expliqué, intéresse tellement la musique, que si nous avons cru devoir en parler, c'est moins pour faire valoir notre opinion, quoique basée sur une longue expérience, que pour engager les physiciens à faire de nouvelles recherches sur un objet aussi important, et qu'il appartient à eux seuls de traiter.

41. — Les notions d'acoustique que nous venons d'exposer rapide-

ment nous permettront, dès à présent, d'aborder l'étude des lois qui, dans la nature, régissent les sons en général, et dont nous citerons seulement quatre relatives aux cordes sonores. Etant bien comprises, ces quatre lois fondamentales peuvent et doivent suffire pour la déduction de toutes les lois réglementaires de l'art musical.

De ces lois, les deux premières se trouvent consignées dans tous les ouvrages de physique et de musique philosophique ; les deux autres ne sont que des conséquences déduites par nous des deux premières.

CHAPITRE DEUXIÈME

§ 1er.

RAPPORT DES VIBRATIONS AVEC LES LONGUEURS DES CORDES.

PREMIÈRE LOI FONDAMENTALE.

Dans les cordes dont la matière, la grosseur et la tension sont les mêmes, le nombre des vibrations est en raison inverse des longueurs.

DÉVELOPPEMENT.

42. — Si dans deux cordes *a b* et *c d* (*Fig.* 4), la longueur, la matière, la grosseur et la tension sont les mêmes, elles feront le même nombre de vibrations dans des temps égaux, ou en d'autres termes, leurs vibrations seront tautochrones ; les sons rendus par ces deux cordes affectent l'oreille de la même manière, et l'identité de ces deux sons est telle qu'ils sont dits être à l'*unisson*, c'est-à-dire, se confondre en un seul son.

Mais si, sous l'une de ces cordes, et aux deux tiers, par exemple, de sa longueur, on place un chevalet *e* (*Fig.* 5), de manière à intercepter les vibrations des parties *c e* et *e d*, de la corde *c d*, il arrivera que les sons rendus tant par *c e* que par *e d* ne seront plus identiques, ni entre eux, ni avec celui de la corde entière *a b*. Le son du $\frac{1}{3}$ *e d* sera plus aigu que celui des $\frac{2}{3}$ *c e* ; et celui-ci sera aussi plus aigu que celui de la corde entière *a b*. Le tiers *e d* fera deux vibrations pour une de la partie *c e*. Et celle-ci en fera trois pendant que la corde entière *a*, *b* en fera deux.

Il y a donc une différence numérique entre les vibrations de tous sons qui ne forment pas unisson. Cette différence, en temps égaux, des vibrations de deux sons est ce qui constitue l'intervalle.

43. — Il résulte de tout cela :

1° Un son n'est ni grave ni aigu en lui-même ; il n'est tel que par rapport à un autre son pris pour terme de comparaison. C'est ainsi que le son des $\frac{2}{3}$ *c*, *e* de la corde *c*, *d* est grave par rapport à celui du $\frac{1}{3}$ *e*, *d*, et aigu par rapport à celui de la corde entière *a*, *b* ;

2° De deux sons quelconques, l'un est d'autant plus aigu qu'il est produit par un plus grand nombre de vibrations par rapport à l'autre ; et inversement pour le grave : en sorte que plus un intervalle est grand, plus les deux sons qui le forment sont relativement grave et aigu ;

3° Les vibrations étant inhérentes au son, puisque celui-ci ne peut exister que par elles et avec elles, elles seules aussi, par leur mouvement plus ou moins rapide, règlent la grandeur de l'intervalle qui, par cela même, peut être mathématiquement et rigoureusement apprécié, dès que l'on connaît la différence ou le rapport numérique des deux sons qui le forment ;

4° Connaissant la différence de longueur de deux cordes ou de deux parties de cordes, dont toutes choses seront d'ailleurs égales, on connaîtra aussi le rapport numérique de leurs sons et la grandeur de leur intervalle. C'est ainsi que dans l'exemple *(Fig. 5)*, les deux fractions *c*, *e* et *e*, *d* résultant de la division de la corde entière par le chevalet *e*, donneront trois combinaisons de sons, ou trois intervalles différents, savoir :

1° La corde entière *a*, *b* et les $\frac{2}{3}$ *c*, *e* donnent l'intervalle $\frac{2}{3}$;

Ou en d'autres termes :

La corde entière *a*, *b* fait deux vibrations pendant que *c*, *e* en fait trois.

2° La corde entière *a*, *b* et le tiers *e*, *d* donnent l'intervalle $\frac{1}{3}$.

En d'autres termes :

La corde entière *a*, *b* fait une vibration contre trois de la partie *e*, *d* ;

3° Les $\frac{2}{3}$ *c*, *e* et le tiers *e*, *d* donnent l'intervalle $\frac{1}{2}$;

Ou si l'on veut :

La partie *c*, *e* est d'une vibration pour deux de la partie *e*, *d*.

Cette première connaissance est, comme on le voit, d'une acquisition facile, car si le plus grave des deux sons qui forment un intervalle est quelquefois produit par la corde entière, comme celui de *a*, *b* (*Fig*. 5). L'autre son plus aigu appartient toujours à une fraction de corde, d'où il suit : Tout intervalle dont on connaît le rapport numérique peutêtre représenté par un nombre fractionnaire dont le numérateur désigne les vibrations du son grave, et le dénominateur celles du son aigu ;

5° Si notre oreille est douée d'assez de justesse pour déterminer rigoureusement, sans l'aide des calculs, et par la seule audition des sons, la grandeur d'un petit nombre d'intervalles, il reste toujours constant que tous les intervalles sans exception, tant appréciables qu'inappréciables à cet organe, ne sont pas moins établis par la nature dans des rapports numériques ;

6° La théorie musicale en tant que science physico-mathématique, reposant sur certains intervalles naturels et démontrés, et que l'organe de l'ouïe approuve, si de ces intervalles résultent comme conséquences d'autres intervalles inhérents à l'art musical, mais que l'oreille ne peut connaître exactement qu'à l'aide de l'appréciation du calcul, on ne saurait, en bonne logique, vouloir la fin où la science, tout en récusant le calcul qui, dans ce cas, en est le seul moyen.

43. — La science mathématique n'entre donc pas dans la théorie musicale comme cause, mais seulement comme conséquence. Elle ne saurait par conséquent y créer ni rapports ni calculs. Son seul droit comme son seul mérite se borne à constater les rapports numériques soit des vibrations, soit des longueurs de cordes que la nature établit pour produire les divers sons.

Enfin, le langage musical ne saurait être ni moins vrai, ni moins beau parce que la nature a voulu que le jugement de l'oreille pût être, au besoin, confirmé et sanctionné par la science la plus exacte et la plus vraie, par ce que Condillac disait être la langue la mieux faite, la langue des calculs.

§ 2.

INTERVALLES HARMONIQUES DE LA RÉSONNANCE.

DEUXIÈME LOI FONDAMENTALE.

Les sons concomitants de la résonnance forment sur le son grave une série d'intervalles $\frac{1}{2}$, $\frac{1}{3}$, $\frac{1}{4}$, $\frac{1}{5}$, etc., nommés intervalles HARMONIQUES.

DÉVELOPPEMENT.

44. — Si l'on écoute attentivement le son soit d'une cloche, soit d'une grosse corde de piano ou de violoncelle, on distingue en même temps plusieurs autres sons concomitants dont l'ensemble produit une sensation agréable qui, dit-on, les a fait nommer sons harmoniques.

Ce phénomène s'appelle résonnance multiple ou simplement résonnance. C'est, à proprement parler, le tonomètre naturel.

La recherche des causes de la résonnance multiple a donné lieu à diverses expériences fort curieuses, dont l'une des plus ingénieuses consiste à placer sur la corde qu'on fait résonner des petits cavaliers en papier, dont les uns restent immobiles aux points de section ou nœuds, tandis que les autres sont projetés hors de la corde par les parties vibrantes.

Ces expériences ont servi à constater qu'une même corde sonore, pour produire la série successive des sons harmoniques, se divise en un système de vibrations et de surfaces nodales correspondant aux parties aliquotes $\frac{1}{2}$, $\frac{1}{3}$, $\frac{1}{4}$, $\frac{1}{5}$, $\frac{1}{6}$, etc., de la corde entière.

Suivant les physiciens, il y a dans la résonnance une infinité de sons harmoniques. Tout son même, disent-ils, les porte en soi, et il n'est tel s'il ne les contient.

M. Sauveur est parvenu à obtenir d'un seule corde d'un mètre de long jusqu'à 128 sons harmoniques nettement appréciables.

Quels que soient dans la résonnance d'une corde le mode ou les modes de vibrations; que le mouvement vibratoire soit simple ou composé; que chacun des sons harmoniques résulte d'une seule ou de plusieurs parties, nous n'avons pas à nous en occuper en ce moment. Les physiciens, en constatant les rapports numériques des parties aliquotes ont, en quelque sorte, placé le musicien en présence de plusieurs surfaces ou cordes séparées, ayant chacune un mouvement vibratoire, et un son particulier; et lui ont permis, dès lors, d'obtenir à volonté et séparément des sons et des intervalles parfaitement identiques à ceux de la résonnance.

45. — Le plus grave des sons, appelé son fondamental, appartient aux vibrations de la corde entière; le deuxième son est produit par la $\frac{1}{2}$ de la corde; le troisième, par le $\frac{1}{3}$ de la corde; le quatrième, par le $\frac{1}{4}$; et ainsi de suite indéfiniment.

Pour rendre ceci de la dernière évidence, ayons une série de six cordes, par exemple, dont la longueur, la grosseur, la matière et la tension soient les mêmes. Disposons-les comme dans la fig. 6, et plaçons des chevalets *c* sous les cinq dernières cordes, savoir : à la $\frac{1}{2}$ de la corde nº 1 ; au $\frac{1}{3}$ de la corde nº 2; au $\frac{1}{4}$ de la corde nº 3, et ainsi de suite.

Dans cet état, si l'on fait résonner la corde entière *o*, les vibrations de cette seule corde produiront, d'après la deuxième loi fondamentale, les sons que rendraient les parties *a c* de ces six cordes résonnant simultanément.

Ce n'est pas à dire pour cela que tous ces sons secondaires se distinguent dans la résonnance de tout corps sonore. Il y a même dans la nature, quoi qu'en disent les physiciens, une multitude de sons dans lesquels on ne distingue pas un seul son harmonique; dans d'autres, on en perçoit un nombre plus ou moins limité. Tout cela paraît résulter des circonstances plus ou moins favorables dans lesquelles se trouve placé le son fondamental et générateur, et aussi de l'habitude plus ou moins grande de l'oreille à cette sorte d'analyse (4).

46. — Les intervalles harmoniques sont établis par la nature dans des rapports tellement simples qu'on ne saurait les confondre avec les autres intervalles.

En effet, dans toute fraction qui représente un intervalle, le numérateur désigne le nombre des vibrations du son grave, et le dénominateur celui des vibrations du son aigu (42).

Or, dans la deuxième loi fondamentale, les fractions $\frac{1}{2}$, $\frac{1}{3}$, $\frac{1}{4}$, qui représentent les intervalles des sons harmoniques sur le son fondamental, ont pour numérateur commun l'unité : c'est-à-dire que le son fondamental fait une vibration pour deux, pour trois, pour quatre, etc., des sons harmoniques, d'où il suit qu'en théorie musicale, *toute fraction qui a l'unité pour numérateur représente un intervalle harmonique.*

La série des fractions harmoniques $\frac{1}{2}$, $\frac{1}{3}$, $\frac{1}{4}$, etc., est encore telle que chacun des dénominateurs 2, 3, 4, etc., a aussi l'unité pour différence avec le dénominateur subséquent, en sorte qu'on ne saurait obtenir entre deux sons harmoniques de la série naturelle un seul autre son qui puisse appartenir comme tel au même son fondamental.

§ 3.

INTERVALLES MÉLODIQUES DE LA RÉSONNANCE.

(Première série.)

TROISIÈME LOI FONDAMENTALE.

Les sons harmoniques de la résonnance produisent simultanément, par leur immédiateté, une série d'intervalles $\frac{1}{2}$, $\frac{2}{3}$, $\frac{3}{4}$, $\frac{4}{5}$, etc., que nous nommons intervalles mélodiques.

DÉMONSTRATION.

47. — Les sons harmoniques de la deuxième loi fondamentale étant produits par les aliquotes *a c (Fig. 7)*, de longueurs différentes, forment avec la corde entière *o* des intervalles $\frac{1}{2}$, $\frac{1}{3}$, $\frac{1}{4}$ de grandeurs différentes : et par cela seul, ces mêmes sons forment nécessairement entre eux une suite d'intervalles différents, savoir : du son fondamental *o* au premier son secondaire, l'intervalle $\frac{1}{2}$; de celui-ci au n° 2, l'intervalle $\frac{2}{3}$; du deuxième au troisième, l'intervalle $\frac{3}{4}$, et ainsi indéfiniment, comme on le voit dans la colonne *l (Fig. 7)*.

Il est donc évident que les sons secondaires, produisent simultanément dans la résonnance deux séries d'intervalles, l'une harmonique, col. *m*, comprenant les intervalles des sons concomitants sur le son fondamental *o*; l'autre mélodique, col. *l*, comprenant les intervalles que font entre eux ces mêmes sons concomitants dans l'ordre de génération.

Il n'est pas moins évident :

1° Que les intervalles mélodiques sont aussi inhérents à la résonnance que les intervalles harmoniques; et qu'ainsi la sensation agréable de cette résonnance, résultant de la réunion et de l'ensemble de tous ces intervalles, ne saurait être attribuée plutôt aux intervalles harmoniques qu'aux intervalles mélodiques;

2° Que pour obtenir, en dehors de la résonnance, la sensation agréable à laquelle les sons harmoniques et mélodiques doivent leur nom, il ne suffit pas d'obtenir simultanément deux, trois ou plusieurs sons ; il faut encore que ces sons soient dans les rapports numériques exprimés par les deuxième et troisième lois.

Il est donc aussi nécessaire que rationnel d'admettre que cette sensation agréable est due moins aux sons en eux-mêmes qu'aux rapports numériques des vibrations qui les produisent.

§ 4.

INTERVALLES MÉLODIQUES DE LA RÉSONNANCE.

(Deuxième série.)

QUATRIÈME LOI FONDAMENTALE.

Les parties aliquotes représentant les sons harmoniques d'une corde laissent, en dehors, des compléments dont les sons forment, sur le son fondamental, une deuxième série d'intervalles mélodiques $\frac{1}{2}$, $\frac{2}{3}$, $\frac{3}{4}$, $\frac{4}{5}$, $\frac{5}{6}$, etc.

DÉMONSTRATION.

48. — Cette quatrième loi est une conséquence forcée et nécessaire de la deuxième loi sur les sons harmoniques. Car, il est évident que les parties aliquotes *a c*, colonne *m (Fig. 7)*, qui représentent les sons harmoniques de la corde entière *o*, laissent, en dehors de chacune d'elles, une fraction de corde *c b*, col. *n*. Or, chacune de ces fractions *c b* est nécessairement le complément d'une aliquote correspondante *a c*, puisqu'en l'y ajoutant on obtient la valeur de la corde entière *o*. C'est ainsi que l'aliquote *a c*, $\frac{1}{4}$, n° 3, plus son complément *c b*, $\frac{3}{4}$ égalent $\frac{4}{4}$, ou la corde entière *o*. Et il en est de même de tous les autres compléments.

Si les sons de ces parties complémentaires *c b* ne se perçoivent pas dans la résonnance multiple [1], il est du moins certain et évident que chacune d'elles, mise en vibration isolément et successivement, peut produire un son, et même avoir ses harmoniques comme corde entière ; et cela nous suffit.

49. — La troisième et la quatrième loi n'étant que des consé-

[1] Quelques musiciens modernes disent entendre très-distinctement, dans certaines cloches, la tierce mineure du son fondamental : ce qui donnerait le cinquième son complémentaire $\frac{5}{6}$.

quences forcées de la loi des sons harmoniques, doivent aussi se ressentir des autres conséquences de cette dernière.

Nous voyons, en effet, que si d'un côté les fractions harmoniques $\frac{1}{2}$, $\frac{1}{3}$, $\frac{1}{4}$, etc., de la deuxième loi fondamentale ont constamment l'unité pour numérateur, de l'autre, les deux séries d'intervalles mélodiques que nous ont données les troisième et quatrième lois, sont représentées par les fractions $\frac{1}{2}$, $\frac{2}{3}$, $\frac{3}{4}$, etc., dont le numérateur et le dénominateur ont encore l'unité pour différence. D'où il suit: qu'on peut tout aussi facilement reconnaître une fraction mélodique qu'une fraction harmonique. Il suffit pour cela de se rappeler que *toute fraction dont les deux membres ont l'unité pour différence, représente un intervalle mélodique.*

De même que l'on ne peut insérer un seul intervalle ou son harmonique dans la série $\frac{1}{2}$, $\frac{1}{3}$, $\frac{1}{4}$, etc., de la deuxième loi fondamentale (46), de même aussi, l'on ne saurait placer, dans la série des sons mélodiques $\frac{1}{2}$, $\frac{2}{3}$, $\frac{3}{4}$, etc., des troisième et quatrième lois fondamentales, un seul autre son qui fasse un intervalle mélodique sur le son fondamental commun *o*. Attendu que les deux membres de chacune de ces dernières fractions $\frac{1}{2}$, $\frac{2}{3}$, $\frac{3}{4}$, etc., ont l'unité pour différence avec les deux membres correspondants de chacune des fractions subséquentes $\frac{2}{3}$, $\frac{3}{4}$, $\frac{4}{5}$; et que cette différence, ne pouvant être moindre que l'unité, se trouve ainsi poussée dans ses derniers retranchements.

De la quatrième loi fondamentale résulte comme conséquence une troisième série d'intervalles mélodiques $\frac{1}{2}$, $\frac{3}{4}$, $\frac{8}{9}$, $\frac{15}{16}$, $\frac{24}{25}$, col. *p (Fig. 7)*, que nous pourrions à juste titre considérer comme une cinquième loi. Afin d'éviter toute complication inutile, nous nous bornons à signaler cette conséquence qui ne nous serait que d'un faible secours attendu que les quatre lois fondamentales nous suffisent amplement.

50. — Dans les lois musicales, comme dans toutes celles données par la nature, tout se lie et s'enchaîne par une suite de causes et d'effets.

C'est ainsi que la deuxième loi, qui a donné naissance à la troisième et à la quatrième, n'est elle-même que l'un des résultats de la première.

C'est encore ainsi que de ces quatre lois, formulées et développées dans ce premier livre, vont se déduire les lois réglementaires de l'art musical.

Mais, n'oublions pas que la découverte et la déduction de ces dernières lois imposent des conditions dont les principales consistent à suivre la nature dans sa marche, à l'analyser dans tous ses détails, à saisir ses moindres indices, à profiter de toutes ses indications, en un mot, à suivre tous ses exemples, car ces exemples seuls peuvent et doivent être nos lois réglementaires

LIVRE DEUXIÈME

LOIS RÉGLEMENTAIRES DE L'ART MUSICAL

PRÉLIMINAIRES.

51. — Dans l'étude de l'art musical, il y a deux choses à considérer, on pourrait même dire deux sortes de connaissances à acquérir : celle des sons et de leurs diverses combinaisons, et celle des dénominations, des signes et des caractères qui les représentent. La première, dictée par la nature, est indépendante de nos conventions; la seconde, au contraire, purement conventionnelle, semble se soumettre avec la même docilité au caprice et à l'ignorance, comme au génie et à la raison. De là les réformes, les suppressions, les innovations, les fausses applications et interprétations de noms et de signes qui, d'âge en âge, ont fait d'un art, éternel par ses principes, un art exclusif pour chaque époque.

52.—Au dire d'un auteur moderne (Rousseau), « la musique ne serait « pas pour les musiciens la science des sons, mais plutôt celle des « noires, des blanches, etc. »

Il est impossible d'englober tous les musiciens dans le cercle étroit d'une telle proposition ; et cela avec d'autant plus de raison que la plupart des réformes et des mutations opérées dans la musique, loin d'avoir ajouté un seul rayon au flambeau de la science, l'ont au contraire de plus en plus obscurci ; elles l'ont éclipsé par un voile d'autant plus épais que, tout en multipliant les signes et les noms, elles ont encore supprimé les combinaisons et les attributs les plus essentiels. Enfin, au lieu de seconder le génie des artistes modernes, au lieu même de lui laisser tout son essor, elles l'ont au contraire restreint à deux seules combinaisons appelées gamme majeure et gamme mineure, sans même lui en faire connaître ni la valeur ni les vrais éléments.

Rameau s'étonnait qu'avant lui on eût pu faire de bonne musique.

Mais n'est-il pas constant qu'avant comme après cet homme célèbre, la musique moderne a eu à sa disposition les deux gammes majeure et mineure, ni plus ni moins ?

Et c'est avec ces deux seules combinaisons que les Mozart, les Palestrina, les Chérubini, les Donizetti et tant d'autres génies ont su produire de si belle musique. Que n'eussent-ils donc pas fait si l'on avait mis à leur disposition les autres échelles que nous offre la nature, s'ils avaient eu l'habitude de toutes les combinaisons auxquelles peuvent se prêter les sons et les intervalles musicaux ?

Plein d'admiration pour les chefs-d'œuvre de toutes les époques et auxquels le génie a su imprimer un style, un goût et un cachet tout particuliers, nous n'avons nulle prétention de réformer le langage musical qui, de sa nature, n'est pas plus susceptible de réforme que le génie même.

Nous voulons uniquement, tout en formulant les lois musicales que nous avons découvertes, rendre théoriquement raison de ce qui est, et y ajouter ce qui doit être. Nous voulons mettre les musiciens en présence des principes de leur art, quels qu'ils soient. Après cela, qu'ils en fassent ou non un emploi plus ou moins heureux ; que le génie même veuille s'en servir, ou qu'il ne s'en serve pas, nous n'en serons nullement responsable.

53. — C'est dans les sciences surtout qu'il importe de n'employer que des mots d'une acception propre et sans ambiguité.

La science musicale, nous l'avons vu dans l'introduction de cet ouvrage, embrasse les trois musiques jusqu'ici distinctes : ancienne, religieuse et moderne ; et, chose singulière, elle ne saurait obtenir de l'une d'elles toutes les dénominations et les signes attributifs des sons et des intervalles.

La musique des anciens Grecs reconnaissait, il est vrai, une foule d'attributs ignorés des deux musiques de notre époque ; mais, n'étant étayés d'aucune loi, les auteurs qui en ont parlé se sont jetés dans des contradictions telles, que l'emploi des anciennes dénominations grecques ne ferait aujourd'hui qu'embrouiller de plus en plus une théorie qui n'est malheureusement déjà que trop confuse.

Dans un tel état de choses, notre devoir semble tout tracé. La science musicale, en formant deux séries de connaissances dont l'une est dictée par la nature et l'autre purement conventionnelle, nous impose deux conditions :

La première consiste à recueillir et à constater les faits et les lois présentés par la nature à nos observations, et à n'admettre comme intervalles, comme attributs musicaux que ceux résultant de ces lois, laissant ainsi au passé la responsabilité de ses actes.

La seconde consiste à dégager, par des lois positives résultant de la première condition, les trois musiques ancienne, religieuse et moderne de l'obscurité qui les enveloppe; à rétablir les noms, signes et caractères qui dans chacune d'elles offrent le plus de clarté et de précision, conservant autant que possible ceux usités ou connus des musiciens modernes; à nous borner rigoureusement aux innovations et aux néologismes les plus indispensables; en un mot, à coordonner, et à faire concourir les attributs de ces trois musiques pour rendre enfin la théorie musicale un tout vraiment scientifique.

Puissent nos efforts n'être pas infructueux! Puissent nos travaux mériter l'approbation des vrais artistes! Ce serait pour nous la plus belle récompense.

CHAPITRE PREMIER

BASE DES PRINCIPES MUSICAUX.

§ 1er.

CONCORDANCE DES LOIS MUSICALES AVEC LES LOIS NATURELLES.

54.— Dans l'univers tout est harmonie [1].

Cette proposition devient un axiome dès que l'on considère cette belle nature soumise à des lois immuables; cet ordre, cet enchaînement éternel de causes et d'effets, ces mouvements si admirablement coordonnés, et enfin cette unité d'ensemble qui constitue l'univers en un tout harmonieux.

Tout ce qui, dans la nature, a des rapports avec l'homme, et l'homme lui-même, ne peuvent, sans troubler cette harmonie, se soustraire aux lois qui la maintiennent. Cela prouve suffisamment que les principes de la musique ne sauraient être basés sur la nature, s'ils ne con-

[1] Le mot *harmonie* ne saurait, sans une grande méprise, être vu ici dans son acception musicale, mais seulement dans le sens figuré, désignant l'unité. C'est cependant pour n'avoir pas compris cela, que les auteurs se sont fourvoyés en lisant que Pythagore et Platon enseignaient que tout dans l'univers était musique.

cordent en tout point avec la constitution des deux organes spécialement affectés au service de cet art; c'est-à-dire, avec l'oreille, comme juge naturel des sons, et avec la voix, comme étant, de tous les instruments musicaux, le seul naturel, et incontestablement le plus beau.

Soutenir le contraire, ne serait-ce pas dire que la nature est en contradiction avec elle-même, et que l'ordonnateur des lois universelles a manqué de clairvoyance et de prévision ?

Les principes musicaux doivent donc reposer sur cette parfaite concordance des lois naturelles, sans laquelle ils ne pourraient être que désordre et confusion. Par elle ils deviennent lois secondaires de la nature [1].

C'est à l'institution de ces lois secondaires que nous avons donné le nom de *Nomothésie musicale.* (Du grec, *nomos*, loi, et *thesis*, institution.)

§ 2.

INTERVALLES MODÈLES DE LA MUSIQUE.

Première Analyse.

55.—Les principaux faits constatés dans le Chap. II du Livre premier peuvent se résumer en ce qui suit :

---

[1] Nous croyons devoir nous expliquer sur l'idée que nous attachons à ce mot *nature* qui a plusieurs acceptions, et que chacun semble interpréter à sa manière.

Nous considérons ici la nature comme l'exécution des lois auxquelles Dieu a subordonné tout ce que renferme l'univers.

La nature, prise dans cette acception, étant infinie, peut s'offrir à nous sous un nombre tout aussi infini de points de vue, dans chacun desquels elle doit avoir un sens propre, particulier.

Dans ses rapports, par exemple, avec la musique, la nature se présente sous deux points de vue principaux :

1° Sous le point de vue théorique ou spéculatif;

2° Sous le point de vue pratique et artistique.

Dans ces deux branches, l'on a bien pour objet direct d'imiter la nature, mais cette imitation repose sur deux ordres d'idées dissemblables et tout à fait distinctes que le vrai musicien ne sut jamais confondre.

Sous le rapport théorique, le musicien, se fixant sur un fait, unique dans son espèce, et que la seule nature produit, la résonnance, a pour objet la production des sons et de leurs diverses combinaisons par des lois déduites de cette résonnance et en harmonie avec celles de notre constitution. C'est, à proprement parler, l'imitation de la nature inactive, inerte. Cette imitation est le premier but de notre travail.

Sous le point de vue pratique et artistique, le musicien, ou plutôt le génie, fixe son regard sur la nature animée dont les ressorts lui semblent instinctivement connus : alors, possesseur habitué des combinaisons résultant de la théorie, il vivifie cette nature inerte qui, à sa voix, devient l'image de tout objet imitable.

1° Tout son, pris à volonté dans la nature et accompagné de plusieurs autres sons concomitants ou secondaires, forme la résonnance multiple ou le tonomètre naturel;

2° Dans leur relation directe avec le son fondamental, ces sons produisent une série d'intervalles harmoniques, $\frac{1}{2}$, $\frac{1}{3}$, $\frac{1}{4}$, $\frac{1}{5}$, etc. *(Fig. 6)*, et col. *m (Fig. 7)*.

Voici la position, le rang et les noms de ces intervalles, les seuls reconnus comme base de la musique moderne :

Ordre de génération	1	2	3	4	5	6	7	8	9
Rapports numériques	$\frac{1}{2}$	$\frac{1}{3}$	$\frac{1}{4}$	$\frac{1}{5}$	$\frac{1}{6}$	$\frac{1}{7}$	$\frac{1}{8}$	$\frac{1}{9}$	$\frac{1}{10}$
Noms des intervalles	8e ou octave.	12e ou quinte de l'octave.	15e ou double octave.	17e ou tierce majeure de la double octave.	19e ou quinte de la double octave.	inusité.	22e ou triple octave.	23e ou seconde majeure de la triple octave.	24e ou tierce de la triple octave.

3° La relation mutuelle, immédiate et consécutive des sons concomitants donne pour résultat une première série d'intervalles mélodiques, $\frac{1}{2}$, $\frac{2}{3}$, $\frac{3}{4}$, $\frac{4}{5}$, etc., col. *l (Fig. 7)*.

4° Les sons harmoniques ont pour complément des sons qui forment, sur le son fondamental, une deuxième série d'intervalles mélodiques, $\frac{1}{2}$, $\frac{2}{3}$, $\frac{3}{4}$, etc., col. *n (Fig. 7)*.

Les intervalles de ces deux séries portent les noms suivants :

Ordre de génération	1	2	3	4	5	6	7	8	9
Rapports numériques	$\frac{1}{2}$	$\frac{2}{3}$	$\frac{3}{4}$	$\frac{4}{5}$	$\frac{5}{6}$	$\frac{6}{7}$	$\frac{7}{8}$	$\frac{8}{9}$	$\frac{9}{10}$
Noms des intervalles	octave.	quinte.	quarte.	tierce majeure.	tierce mineure.	inusités.		ton majeur.	ton mineur.

5° Enfin, ces sons complémentaires de la deuxième série, col. *n*, *(Fig.7)*, donnent la troisième série des intervalles mélodiques suivants :

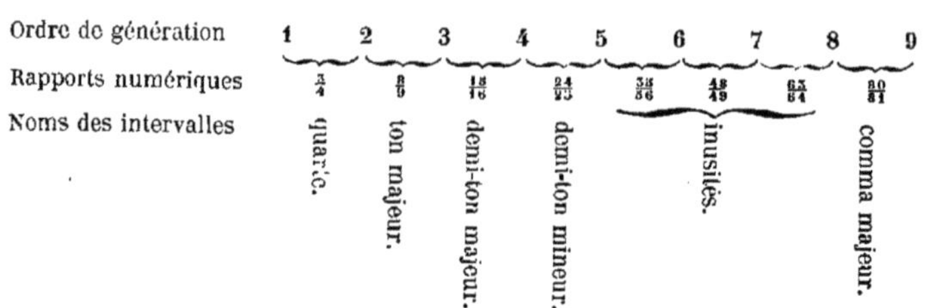

Ordre de génération	1-2	2-3	3-4	4-5	5-6	6-7	7-8	8-9
Rapports numériques	$\frac{3}{4}$	$\frac{8}{9}$	$\frac{15}{16}$	$\frac{24}{25}$	$\frac{35}{36}$	$\frac{48}{49}$	$\frac{63}{64}$	$\frac{80}{81}$
Noms des intervalles	quarte.	ton majeur.	demi-ton majeur.	demi-ton mineur.	inusités.			comma majeur.

Deuxième Analyse.

56. — La voix est l'organe propre des sons. Elle a été le premier des instruments de musique ; elle en est aussi le seul naturel. De là et de l'art. 54 la conséquence suivante:

La musique est essentiellement vocale ; c'est à la voix que doivent s'appliquer les lois musicales.

Et, comme tout art doit être nécessairement subordonné à la nature qu'il a pour but d'imiter, il en résulte aussi que *c'est aux lois musicales que doit se soumettre la coordination des instruments artificiels.*

Troisième Analyse.

57. — Il est peu de voix pouvant atteindre pleinement deux octaves, c'est-à-dire l'intervalle compris du son fondamental au 3e son harmonique, $\frac{1}{4}$ col. *m (Fig. 7);* encore moins atteignent le 4e intervalle harmonique $\frac{1}{5}$; le 5e intervalle $\frac{1}{6}$, quinte de la double octave, est bien au-delà de toute limite.

Or, si les intervalles harmoniques $\frac{1}{2}$, $\frac{1}{3}$, $\frac{1}{4}$ de la deuxième loi sont donnés par la résonnance, la voix humaine est aussi un produit de la nature. Il n'est donc pas possible que cette même nature vienne proposer à la voix, comme modèles à imiter, des intervalles doublés et triplés, réellement inimitables et inexécutables. Elle ne saurait, sans troubler l'harmonie, nous retirer d'une main ce qu'elle nous donne de l'autre; d'où il suit que *les intervalles harmoniques ne sauraient être proposés à la voix comme modèles à imiter.*

Quatrième Analyse.

58. — Toutes les voix atteignent pleinement et aisément une octave ou l'intervalle $\frac{1}{2}$.

D'après la 4e loi fondamentale les parties aliquotes désignent par leurs compléments *c b*, col. *n (Fig. 7)*, une suite de sons qui forment sur le son fondamental commun *o* une série d'intervalles mélodiques, $\frac{1}{2}$, $\frac{2}{3}$, $\frac{3}{4}$.

Par une admirable concordance des lois de la nature, les sons mélodiques *c b* de cette série *n*, que tout homme sensé ne saurait attribuer au hasard, sont tous compris dans le diapason de la voix, puisqu'ils sont tous renfermés, quel qu'en puisse être le nombre, dans l'intervalle d'une octave. C'est-à-dire, entre le son fondamental *o*, qui fait le son le plus grave, et son octave nº 1, qui est le son le plus aigu. Il résulte de là que *les intervalles mélodiques de la quatrième loi sont tous et même les seuls compris dans l'étendue de la voix.*

Cinquième Analyse.

59. — L'oreille est l'appréciateur et le juge naturel des sons.

La nature, pour être parfaitement d'accord avec elle-même, doit donc encore concilier la préférence qu'elle pourrait témoigner à tels ou tels intervalles avec la facilité de leur appréciation. Or :

1º Les intervalles déduits de la résonnance sont :

Une seule série d'intervalles harmoniques, col. *m (Fig. 7)*, et trois séries d'intervalles mélodiques, col. *l*, *n* et *p*.

2º Les cinq intervalles mélodiques $\frac{1}{2}$, $\frac{2}{3}$, $\frac{3}{4}$, $\frac{4}{5}$ et $\frac{5}{6}$ sont, à partir du premier, d'une appréciation plus rigoureuse et plus facile que les intervalles harmoniques $\frac{1}{3}$, $\frac{1}{4}$, $\frac{1}{5}$, $\frac{1}{6}$.

L'on voit ainsi que la résonnance, la voix et l'oreille s'accordent sur la préférence acquise aux intervalles mélodiques.

Enfin, de toutes ces analyses et particulièrement des art. 54 et 56 nous aurons pour corollaire :

Les intervalles mélodiques sont les seuls appelés à servir de types et de modèles aux intervalles musicaux.

§ 3.

ORIGINE DE LA MÉLODIE ET DE L'HARMONIE.

60. — Il semblerait qu'en produisant les sons multiples de la résonnance, la nature ait fait à dessein sa part et la nôtre. Elle seule a trouvé et s'est réservé les moyens de former dans une seule corde les sons simultanés des parties aliquotes.

D'un autre côté, si elle n'y fait point entendre les sons mélodiques, elle nous indique assez clairement le moyen de les obtenir par les compléments des cordes harmoniques. Ici, la nature semble nous dire: Voilà une corde ; dans les sons simultanés de ses parties aliquotes, vous avez les principes des accords ou de l'harmonie; dans les cordes complémentaires de ces mêmes aliquotes vous avez les lois des sons successifs ou de la mélodie.

En effet, n'est-ce pas la nature qui, en produisant elle-même les sons simultanés des aliquotes, en a réglé les rapports numériques et les intervalles ? (2e loi fondamentale). N'a-t-elle pas fait que toute aliquote ait son complément ? Et n'a-t-elle pas établi ces compléments dans des rapports aussi précis et aussi exacts que les aliquotes mêmes? (4e loi.)

Les sons de ces compléments ne sont-ils pas tous compris dans le diapason de la voix ? (58).

Les sons harmoniques, au contraire, pour être rendus soit simultanément soit isolément, n'exigent-ils pas le concours de deux ou plusieurs voix ? (57).

Toutes ces questions, auxquelles on est forcé de répondre par l'affirmative, prouvent suffisamment que le hasard ne produisit jamais d'aussi admirables combinaisons, mais que ce sont là des effets constants, des lois de la nature. Et elle ne fait jamais rien d'inutile ; chez elle tout a un but, tout est prévu, tout est calculé.

Faisant donc notre profit de ses calculs et de ses prévisions, nous adopterons à son exemple les conclusions suivantes :

1° Les sons complémentaires ou les cordes mélodiques de la 4e loi fondamentale étant tous et les seuls compris dans l'étendue de la voix sont aussi les seuls applicables à une seule voix ; et de plus, ne pouvant s'obtenir qu'isolément et successivement, ils sont aussi les seuls propres à former une suite de sons isolés pour constituer le chant ou la *mélodie*.

2° Les sons harmoniques et simultanés de la résonnance, exigeant de nous le concours de deux ou plusieurs voix, sont uniquement destinés à former une succession de sons simultanés, ou une suite d'accords sous le nom d'*harmonie*.

La musique se divise en deux branches distinctes : en mélodie, ou chant composé d'une succession de sons isolés, et en harmonie, ou succession de sons simultanés formant des accords [1].

[1] Remarques sur les musiques ancienne et moderne:

1° ***Harmonie ancienne.*** « La Musique est une science composée de plusieurs parties, dont l'une est l'harmonique. »

§ 4.

INDÉPENDANCE DE LA MÉLODIE.

61. — Une question de primauté et de préséance entre la mélodie et l'harmonie a causé chez les modernes des disputes d'autant plus vives qu'elles étaient alimentées par l'absence de principes positifs. Aussi, les uns veulent-ils que tout viennne de l'harmonie et qu'elle règne en souveraine; les autres ne sauraient voir la mélodie ainsi soumise et restreinte.

Si nous remontons à la source de la mélodie et de l'harmonie, nous trouvons qu'elles ont une origine commune, la résonnance (2e et 4e lois fondamentales). Elles ont aussi le son fondamental pour générateur commun. Enfin, nous venons de voir dans le paragraphe précédent qu'elles partent du même point, c'est-à-dire de la corde d'octave nº 1 *(Fig. 7)*, qui est aussi leur corde commune.

Jusque-là, la mélodie et l'harmonie semblent avoir des droits égaux.

En donnant à l'homme le premier et le plus beau des instruments

« La musique harmonique traite particulièrement des divers genres de mélodie, de leurs nombres et de leurs qualités. » (M. Vincent, *Not. et Extr.*)

« L'harmonie chez les Grecs paraît être une succession convenable de sons. » (Rousseau).

Elle constituait donc le chant à une seule voix. Car, le chant de plusieurs voix à l'unisson s'appelait ***homophonie***, le chant de plusieurs voix à l'octave s'appelait ***antiphonie***. On nommait ***paraphonie*** le chant de plusieurs voix dans lequel on admettait la quarte et la quinte. Ce concours de voix et d'instruments s'appelait ***symphonie*** dans laquelle on distinguait la ***monodie*** (solo), et la ***chorodie*** appelée chœur dans la musique moderne.

2º ***Mélodie moderne***. Un chant rendu par une seule voix, ou même par plusieurs voix ou instruments, pourvu qu'ils soient à l'unisson ou à l'octave, porte, dans la musique moderne, le nom de ***Mélodie***.

La mélodie moderne embrasserait donc à la fois l'harmonie, l'homophonie et l'antiphonie des Grecs.

3º ***Harmonie moderne***. Les musiciens modernes définissent l'harmonie une succession de sons simultanés ou d'accords.

Cette harmonie des modernes a passé à son tour par diverses phases, et a porté différents noms. Ainsi elle s'est appelée diaphonie, discant, déchant, organisation, contrepoint, composition, symphonie et enfin harmonie.

Il paraît qu'au commencement du moyen âge, et même plus tard, l'harmonie n'était autre que l'ancienne symphonie des Grecs, si même on y employa la quarte et la quinte. Au dire de l'abbé Le Beuf, l'organisation consistait à placer une sensible en tierce mineure contre une seconde faisant pénultième, comme ***ré si ut***. « Pour un accord aussi facile et si peu varié, dit Rousseau, les chantres qui organisaient ne laissaient pas d'être payés plus cher que les autres. »

Nous avons conservé les mots ***mélodie*** et ***harmonie*** dans toute leur acception moderne.

musicaux, la voix, on lui a aussi donné, jusqu'à un certain point, et indépendamment de toute science musicale, le pouvoir et le sentiment de la mélodie, à l'exclusion de toute harmonie.

Ne serait-il pas également absurde de soutenir ou qu'une voix ne puisse chanter seule, ou qu'elle puisse seule faire de l'harmonie ?

La mélodie est donc indépendante de l'harmonie, et forme la partie principale de l'art musical.

C'est en vertu de ce corollaire que, dans ce deuxième livre, nous nous occuperons uniquement de cette partie principale, c'est-à-dire de la recherche des lois de la mélodie.

CHAPITRE DEUXIÈME

ECHELLE MELODIQUE.

§ 1.

SON FONDAMENTAL ET SES PRINCIPAUX ATTRIBUTS.

62. — Le plus grave des sons de la résonnance, le son fondamental appartient aux vibrations de la corde entière o (*Fig. 7*).

Évidemment, ce son ne peut être complémentaire, puisqu'il embrasse toute la corde. Par la même raison, et puisqu'il ne la divise pas, il ne peut appartenir à une aliquote, ni être regardé comme simple harmonique.

Ce son fondamental n'est donc, à proprement parler, ni mélodique ni harmonique. Cela est d'autant plus évident que la corde fondamentale o égale toujours en longueur chacune des cordes harmoniques $a\ c$, plus sa corde mélodique ou complémentaire $c\ b$. Les longueurs et les vibrations de toutes ces cordes $a\ c$ et $c\ b$ dépendent donc, d'une manière absolue, de la longueur et des vibrations de la corde fondamentale o.

Il suit de là que le son fondamental seul, à quelque nombre de vibrations qu'il appartienne, détermine la gravité et l'acuité des sons tant harmoniques que mélodiques, attendu que leurs rapports avec lui sont constants et invariables (2e, 3e et 4e lois fondamentales).

Il est donc, à proprement parler, *leur tonique*, puisqu'en effet c'est lui seul qui fixe, qui règle et leur donne le ton.

Il n'est pas moins évident que si la corde entière ne vibrait pas, si elle ne donnait pas le son fondamental, nous ne connaîtrions ni les sons des parties aliquotes, ni les sons des compléments. C'est donc à la tonique seule que nous devons tous les sons résultant de la résonnance, et par conséquent tous les sons musicaux. Elle en est ainsi le son *générateur*.

Nous aurons de là :

PREMIÈRE LOI MUSICALE.

Tout son musical, soit mélodique soit harmonique, est engendré par une tonique ou son fondamental.

---

§ 2.

ORDRE DE GÉNÉRATION DES SONS.

63. — La résonnance, pour produire dans une corde le premier son harmonique, partage cette corde en deux parties égales, dont l'une *a c*, n° 1 *(Fig. 7)*, représente le premier son harmonique, et l'autre, *c b*, le premier son mélodique. Ces deux sons forment ainsi l'un et l'autre un intervalle $\frac{1}{2}$ ou d'octave sur le son fondamental *o*.

Les sons harmoniques et les sons mélodiques commencent donc au même lieu, puisque les uns et les autres ont pour première corde la moitié de la corde entière.

Il est évident qu'à partir de chacune des $\frac{1}{2}$ cordes n° 1 :

1° Les cordes mélodiques de la col., *n*, augmentant de longueur dans l'ordre de génération 1, 2, 3, 4, 5 etc., augmentent aussi en gravité (1re *Loi fondamentale*).

2° Les cordes harmoniques *a c*, col. *m*, diminuant de longueur suivant le même ordre de génération, deviennent au contraire de plus en plus aigus;

3° Enfin, la $\frac{1}{2}$ corde *c b*, n° 1, col., *n*, est la plus courte des cordes complémentaires; et son égale *a c*, même n° 1, est la plus longue des aliquotes.

Les sons mélodiques et les sons harmoniques marchent donc en sens inverse; les premiers allant de l'aigu au grave, et les derniers du grave à l'aigu.

De tout cela il découle :

DEUXIÈME LOI MUSICALE.

Dans l'ordre de génération, les sons mélodiques se prennent de l'aigu au grave, et les sons harmoniques du grave à l'aigu [1].

---

§ 3.

LIMITES DE L'ÉCHELLE MUSICALE MÉLODIQUE.

64. — On a appliqué le nom d'échelle à la réunion d'un nombre donné de sons groupés dans un certain ordre, et formant entre eux une suite de degrés ou d'intervalles simples et incomposés.

En examinant la Fig. 7, il est facile de reconnaître qu'en vertu de la première loi fondamentale :

1° La corde entière *a b*, est plus longue et plus grave que chacune des cordes mélodiques *c b*, col. *n* ;

2° La corde mélodique *c b*, n° 1, est aussi la plus courte et la plus aigüe de toutes les mélodiques de cette col. *n*.

3° La tonique *o* et la $\frac{1}{2}$ corde *c b*, n° 1, ou l'octave, forment entre elles le plus grand intervalle possible par la tonique sur l'une quelconque de ses mélodiques *c b* (42).

[1] Les anciens Grecs, dit Rousseau, aux art. *Hypate*, *Nete* et *Trite*, prenaient les sons de leur musique de l'aigu au grave et de haut en bas. Suivant certains auteurs, ils les prenaient tantôt d'une manière, tantôt d'une autre, comme de gauche à droite et de droite à gauche; mais aucun d'eux n'a expliqué la raison ni le pourquoi de tout cela (11).

La musique religieuse et la musique moderne ont adopté un système tout à fait opposé, qui, prenant les sons de l'échelle du grave pour aller à l'aigu, et de bas en haut, a été constamment suivi, comme il l'est encore par tous les professeurs.

Ceci nous place en présence de deux ordres opposés, l'un celui de la nature, l'autre consacré par l'usage.

Il importe peu pour l'art et la science que les sons de l'échelle soient pris de l'aigu au grave, ou du grave à l'aigu, attendu que ceci est seulement relatif à la pratique de l'enseignement, et nullement à la pratique de l'art.

A tout bien considérer, la tonique est la base de tous les sons musicaux; elle les engendre tous. Nous pensons donc avec les modernes qu'elle doit être placée en tête de l'échelle, et avoir le pas sur les sons mélodiques qui, si je puis m'exprimer ainsi, lui doivent cette condescendance.

Nous prendrons donc, suivant l'usage adopté, les sons de l'échelle musicale du grave à l'aigu, et de gauche à droite.

Il est toutefois évident que, malgré cette adoption, ou plutôt il résulte de cette adoption, qu'en considérant les sons mélodiques sous le point de vue de leur génération, on est forcément obligé de les prendre de droite à gauche, à la manière des anciens Grecs. Il n'en peut être autrement.

D'où il suit, que les cordes mélodiques d'une tonique, étant toutes plus aiguës que cette tonique et plus graves que son octave, sont toutes comprises, quel qu'en soit le nombre dans l'intervalle de cette octave. Nous aurons donc :

TROISIÈME LOI MUSICALE.

L'échelle mélodique des sons appartenant à une tonique est limitée au grave par la tonique elle-même et à l'aigu par l'octave.

65. — Il résulte de cette troisième loi, que tout son plus aigu que l'octave, ou plus grave que la tonique ne saurait appartenir à celle-ci, et fait partie d'une autre échelle.

Mais, comme tout son musical est engendré par une tonique (première loi musicale), il faut nécessairement que tout son en dehors de l'octave ait aussi son générateur.

Or, nous avons vu (48) que toute corde complémentaire, prise isolément, peut avoir ses harmoniques et ses mélodiques tout comme la corde entière, c'est-à-dire qu'elle peut devenir tonique. Nous aurons donc :

QUATRIÈME LOI MUSICALE.

Toute corde mélodique peut être convertie en tonique.

66. — Nous avons vu aussi (64) que la tonique d'une échelle en est la corde la plus grave.

Or, la $\frac{1}{2}$ corde, nº 1, ou l'octave, étant la corde la plus aiguë de l'échelle d'une tonique, devient nécessairement la plus grave d'une échelle immédiatement supérieure. De là et des troisième et quatrième lois musicales nous aurons :

CINQUIÈME LOI MUSICALE.

Le son d'octave de l'échelle d'une tonique devient la tonique d'une échelle immédiatement supérieure.

Il résulte de là que les sons musicaux forment dans la limite des sons appréciables, toutes choses étant d'ailleurs égales, une suite consécutive d'échelles semblables, répétées à l'octave.

§ 4.

DEGRÉS DE L'ÉCHELLE MÉLODIQUE.

67. — Les lois fondamentales sont les seuls exemples que nous donne la nature. C'est donc en elles seules que nous devons trouver, par imitation, la déduction de nos lois réglementaires.

Dans la quatrième loi fondamentale, les parties complémentaires *c b*, col. *n (Fig. 7)*, forment sur la corde entière *o* les intervalles mélodiques $\frac{1}{2}$, $\frac{2}{3}$, $\frac{3}{4}$, etc., ou, en d'autres termes, tous les sons complémentaires forment des intervalles mélodiques sur le son fondamental ou leur tonique commune.

Or, comme les sons complémentaires de cette quatrième loi sont les seuls utilisés par la mélodie, nous aurons :

SIXIÈME LOI MUSICALE.

Tout degré de l'échelle musicale doit faire sur la tonique un intervalle mélodique.

68. — Les sons complémentaires *c b*, col. *n*, de la quatrième loi fondamentale produisent aussi, par leur relation mutuelle, immédiate et consécutive, une autre série d'intervalles mélodiques $\frac{1}{2}$, $\frac{3}{4}$, $\frac{8}{9}$, etc., col. *p.* ; ou, en d'autres termes, chacun des sons mélodiques complémentaires fait un intervalle mélodique tant avec celui qui le précède qu'avec celui qui le suit immédiatement.

Cet exemple nous donne pour imitation la loi suivante :

SEPTIÈME LOI MUSICALE.

Tout son, pour faire partie de l'échelle musicale, doit faire un intervalle mélodique avec les degrés dont il est immédiatement précédé et suivi.

---

§ 5.

ÉCHELLE MÉLODIQUE NATURELLE.

69. — A ne consulter que les troisième, sixième et septième lois musicales, la formation de l'échelle mélodique semblerait être d'une bien grande facilité. Bien mieux, il suffirait de prendre la série des cordes mélodiques $\frac{1}{2}$, $\frac{2}{3}$, $\frac{3}{4}$, $\frac{4}{5}$, $\frac{5}{6}$, etc., col. *n*, et de la pour-

suivre indéfiniment dans l'ordre de génération pour obtenir, toute formée, une échelle mélodique, réellement naturelle, contenant des centaines de sons, et remplissant les prescriptions des troisième, sixième et septième lois.

Malheureusement, la constitution de notre organe auditif est telle que, d'une échelle infinie en principe, elle ferait forcément une échelle bornée et restreinte en réalité.

Car, si les deux premiers sons mélodiques $\frac{1}{2}$ et $\frac{2}{3}$, col. *n*, l'octave et la quinte donnent entre eux le grand intervalle $\frac{3}{4}$, col. *p*, ou la quarte, les quatrième et cinquième mélodiques, $\frac{4}{5}$ et $\frac{5}{6}$, donnent déjà entre eux le petit intervalle $\frac{24}{25}$, ou le demi-ton mineur : et, sans poursuivre bien loin l'ordre de génération, nous arrivons insensiblement à des intervalles inappréciables à notre oreille ; tel est, par exemple, l'intervalle $\frac{80}{81}$, appelé comma majeur, que font entre eux les huitième et neuvième sons mélodiques $\frac{8}{9}$ et $\frac{9}{10}$, le ton majeur et le ton mineur.

70. — Si la série des sons mélodiques dans l'ordre de génération est la seule échelle réllement naturelle, l'oreille aussi est l'appréciateur naturel des sons. Seule elle est appelée à juger du langage musical. On ne saurait admettre en musique des intervalles que cet organe ne pourrait apprécier, auxquels il ne saurait assigner aucun terme, et qui, en un mot, ne sont pas de son ressort.

Il faut donc de toute nécessité concilier le calcul et l'oreille, la théorie et la pratique. Encore une fois, la nature doit être en tout et toujours d'accord avec elle-même (54).

Nous allons rechercher dans le chapitre suivant les moyens de cette conciliation.

CHAPITRE TROISIÈME

INTERVALLES APPRÉCIABLES.

71. — Il y a pour l'oreille deux sortes d'intervalles appréciables, savoir : des intervalles rigoureusement appréciables en eux-mêmes appelés *consonnants ;* et des intervalles appelés *dissonants* que l'oreille ne peut apprécier en eux-mêmes que par approximation, mais qu'elle détermine rigoureusement par induction.

§ 3.

INTERVALLES MÉLODIQUES CONSONNANTS.

72. — Les intervalles mélodiques consonnants sont ceux qui, à l'audition simultanée des sons qui forment chacun d'eux, et dont l'ensemble produit une sensation agréable, peuvent être si exactement déterminés par l'oreille que le calcul mathématique même est soumis à leur approbation et qu'il doit probablement à eux seuls d'avoir été appliqué aux vibrations sonores.

Pour apprécier rigoureusement un intervalle consonnant sur un instrument quelconque, par exemple sur un piano, ou mieux encore sur un orgue, on baisse en même temps les deux touches dont les sons peuvent rendre un tel intervalle. Si les deux sons ne donnent pas une consonnance parfaite, l'oreille en est aussitôt avertie par des battements dont la rapidité sera, toutes choses égales d'ailleurs, en raison de l'altération de l'accord (40). Ces battements deviendront d'autant plus rares que l'accord approchera de la justesse qui, une fois rigoureusement atteinte, les fait disparaître entièrement.

L'intervalle consonnant a donc deux propriétés qui le caractérisent parfaitement :

1° Celle d'être agréable à l'oreille ;

2° Celle d'être en lui-même rigoureusement appréciable à cet organisme.

73. — Supposons maintenant deux cordes *a b* et *c d* (*Fig. 4*), dont la longueur, la grosseur, la matière et la tension soient les mêmes.

Dans cet état, les vibrations de ces deux cordes étant tautochrones (42), leurs sons ne produiront aucun battement et seront à l'unisson.

Mais si ayant un chevalet mobile au point *c* de la corde *c d*, on l'écarte tant peu que ce soit du point *c*, on altère l'unisson ; et cette altération augmente à mesure que le chevalet s'éloigne du point *c*.

Faisant ainsi mouvoir le chevalet du point *c* jusqu'au milieu de la corde en *e*, et faisant résonner continuellement et simultanément la corde entière *a b*, et la partie de la corde *c d* comprise entre le chevalet et le point *d*, il arrivera que, dans ce mouvement du chevalet, on aura rencontré cinq points intermédiaires entre *c* et *e*, dans chacun desquels les deux sons produiront une sensation agréable et sans battements.

On aura ainsi passé par des milliers d'accords altérés, dissonants et même faux, pour ne rencontrer que cinq intervalles consonnants, justes et sans battements [1].

Les cinq points de la corde *c d*, susceptibles de donner des consonnances parfaites avec la corde entière *a b*, sont :

L'octave à la moitié La quinte aux $\frac{2}{3}$ La quarte aux $\frac{3}{4}$ La tierce majeure aux $\frac{4}{5}$ La tierce mineure aux $\frac{5}{6}$	de la corde entière *c d*.

Tels sont les seuls intervalles mélodiques dont l'oreille puisse apprécier l'exacte justesse. Or, ces intervalles consonnants, on doit bien le remarquer, sont identiquement les mêmes que les cinq premiers intervalles complémentaires de la quatrième loi fondamentale.

§ 2.

INTERVALLES MÉLODIQUES DISSONNANTS.

74. — Dans l'appréciation de l'intervalle dissonant, l'oreille ne peut avoir recours à la simultanéité des deux sons qui le forment. Cet ensemble la choque, lui cause une sensation désagréable et lui devient dans ce cas plus nuisible qu'utile, par la multiplicité et la rapidité des battements qui semblent s'entrechoquer de toutes parts. C'est, au contraire, par l'audition successive des deux sons, et aidé de la réminiscence et de la pratique, que l'on obtient une appréciation qui, pour n'être qu'approximative, n'en est pas moins indispensable

Le seul moyen d'apprécier exactement un intervalle dissonant, c'est de recourir à deux intervalles consonnants de grandeur inégale ; car. 1°, un plus grand intervalle en contiendra toujours un plus petit plus une différence ;

2° Deux intervalles consonnants, pouvant être appréciés d'une manière rigoureuse, leur différence ou la dissonance demandée le sera aussi nécessairement.

C'est ainsi que les deux intervalles consonnants $\frac{2}{3}$ et $\frac{3}{4}$, la quarte et la quinte, laissent pour différence l'intervalle dissonant $\frac{8}{9}$, le ton

[1] Les parties $\frac{1}{5}$, $\frac{1}{4}$, $\frac{1}{3}$ et $\frac{1}{6}$ de la corde *c d*, rendent bien des sons agréables à l'oreille, simultanément avec le son de la corde entière ; mais les battements ne se distinguent que dans quelques accords, et encore avec la plus grande difficulté.

majeur, ou en d'autres termes, deux intervalles consonnants, comme la quinte $\frac{2}{3}$ et la quarte $\frac{3}{4}$, étant donnés, si du plus grand $\frac{2}{3}$ on retranche le plus petit $\frac{3}{4}$, la différence $\frac{8}{9}$ ou le complément de ce dernier sera la dissonance cherchée.

75. — Il ne faudrait cependant pas inférer de là que toute différence entre deux intervalles consonnants soit une dissonance. Par exemple, les deux intervalles consonnants $\frac{2}{3}$ et $\frac{5}{6}$, la quinte et la tierce mineure laissent pour différence $\frac{4}{5}$ ou la tierce majeure, qui est aussi une consonnance. Mais, si tout complément d'un plus petit à un plus grand intervalle consonnant n'est pas toujours une dissonance, il est certain au moins que toute dissonnance est ce complément.

L'intervalle dissonant a donc pour caractères distinctifs:

1° De produire, à l'audition simultanée et surtout prolongée des deux sons qui le forment, une sensation désagréable;

2° De ne pouvoir être rigoureusement apprécié en lui-même;

3° D'être toujours la différence ou le complément d'un plus petit à un plus grand intervalle consonnant.

Les cinq consonnances mélodiques nous étant déjà connues, il nous sera facile d'en déduire les intervalles dissonants que nous résumerons dans le tableau suivant:

LES DEUX CONSONNANCES	DONNENT L'INTERVALLE	NOMMÉ	
$\frac{2}{3}$ et $\frac{3}{4}$ la quinte et la quarte	$\frac{8}{9}$	ton majeur	ou seconde majeure.
$\frac{3}{4}$ et $\frac{5}{6}$ la quarte et la tierce majeure	$\frac{9}{10}$	ton mineur	
$\frac{3}{4}$ et $\frac{4}{5}$ la quarte et la tierce majeure	$\frac{15}{16}$	$\frac{1}{2}$ ton majeur	ou seconde mineure.
$\frac{4}{5}$ et $\frac{5}{6}$ la tierce majeure et la tierce min.	$\frac{24}{25}$	$\frac{1}{2}$ ton mineur	

Il y aurait donc en musique quatre intervalles dissonants, qui sont le ton majeur, le ton mineur, le demi-ton majeur et le demi-ton mineur.

Nous verrons plus tard comment, en dernière analyse, ces quatre intervalles dissonants finissent par se résumer en deux, sous les noms de seconde majeure et de seconde mineure.

§ 3.

ÉCHELLE MÉLO-SYMPHONIQUE.

76. — Nous venons de voir dans les deux paragraphes précédents :

1° Qu'il n'y a dans l'ordre mélodique que cinq intervalles consonnants rigoureusement appréciables, encore ne sont-ils tels que par la simultanéité de leurs sons ; que parce qu'ils forment réellement des accords.

Les intervalles consonnants sont donc les seuls qui aient un rapport direct avec cette branche de la musique, qui a pour objet la simultanéité des sons, ou l'harmonie ;

2° L'oreille, n'ayant aucune prise directe sur les intervalles dissonants, ne peut les apprécier exactement qu'à l'aide des consonnances et de leurs accords. Il suit de là que les intervalles dissonants sont admis par l'harmonie, mais seulement d'une manière indirecte, et à la faveur seule des consonnances.

Les intervalles consonnants et les dissonants pouvant ainsi s'allier simultanément et produire des accords, peuvent, par conséquent, s'allier à un ensemble de voix et d'instruments. C'est pourquoi nous donnerons, dès à présent, à l'échelle musicale le nom *d'échelle mélo-symphonique*.

Nous sommes suffisamment instruits par les deux paragraphes précédents que l'oreille, par sa manière d'apprécier les sons, ne peut admettre en mélodie que des intervalles consonnants et des intervalles dissonants. Nous aurons donc :

HUITIÈME LOI MUSICALE.

L'échelle mélo-symphonique ne peut admettre que des intervalles consonnants ou appréciables en eux-mêmes, et des intervalles dissonants ou appréciables par induction.

---

§ 4.

SUPÉRIORITÉ ET VALEUR RELATIVE DES INTERVALLES.

77. — Si l'on recherche la supériorité et la valeur relatives des intervalles consonnants et des dissonants dans l'échelle mélo-symphonique, on trouvera :

1° Du côté de la résonnance, la préférence est acquise aux intervalles consonnants qui, dans l'ordre de génération, naissent avant les dissonants ;

2° L'oreille, ne pouvant juger des dissonances que par les consonnances, accorde aussi, par cela seul, la préférence et plus de valeur aux intervalles consonnants;

3° Enfin les intervalles consonnants doivent encore avoir pour l'oreille une valeur et une supériorité d'autant plus grandes que la sensation agréable qu'ils produisent est préférable à la sensation désagréable des dissonances. De tout cela résulte :

NEUVIÈME LOI MUSICALE.

Un son a d'autant plus de valeur, est d'autant plus supérieur qu'il est plus rapproché de la tonique dans l'ordre de génération, et qu'il forme des intervalles consonnants avec un plus grand nombre des degrés de l'échelle.

CHAPITRE QUATRIÈME

SYSTÈMES MUSICAUX.

PREMIER SYSTEME

TÉTRACORDE NATUREL

§ 1er.

CORDES ESSENTIELLES ET IMMUABLES DE LA TONALITÉ.

78. — La série naturelle des sons mélodiques complémentaires ne pouvait, sans être modifiée, ainsi que nous l'avons vu Chap 2, § 5, nous fournir qu'une échelle indéfinie, et plutôt idéale que réelle.

Puisqu'il en est ainsi, renfermons-nous dans la sphère qui nous est circonscrite et voyons à utiliser les sons mélodiques que les 6e, 7e, et 8e lois laissent à notre disposition.

Pour être certain de nous tenir dans la réalité et de suivre plus exactement les indications de la nature, prenons les deux ou même les trois premières cordes complémentaires, nos 1, 2 et 3 de la série naturelle, Col. *n (Fig. 7)*.

Si à ces trois cordes nous *ajoutons* comme base la corde fondamentale *o*, qui les engendre [1], nous constituerons une échelle de quatre sons ou une tétracorde.

Nous avons réuni dans le tableau suivant les diverses combinaisons de ces quatre sons, avec leurs numéros d'ordre de génération; les intervalles qu'ils forment, tant entre eux que sur leur tonique, ainsi que les dénominations qui leur conviennent dans la musique moderne.

Nos D'ORDRE.	DÉNOMINATIONS.	INTERVALLES sur la tonique.	INTERVALLES consécutifs.
1	*Ut*	$\frac{1}{2}$ octave	$\frac{3}{4}$ quarte.
2	*Sol*	$\frac{2}{3}$ quinte	$\frac{8}{9}$ ton majeur.
3	*Fa*	$\frac{3}{4}$ quarte	
0	*UT*	Tonique	$\frac{3}{4}$ quarte.

Nous avons donné à l'ensemble de ces quatre sons le nom de *Tétracorde naturel*. Nous ne pouvons obtenir d'échelle musicale qu'au moyen des cordes complémentaires. Or, les quatre sons ci-dessus ne sont autres que les trois premières cordes mélodiques 1, 2 et 3, telles qu'elles sont établies par la nature elle-même, col. *n* (*Fig.* 7), sur leur générateur *o*.

Ce tétracorde est donc naturel.

79. — En examinant le tableau précédent, nous y reconnaîtrons les combinaisons suivantes :

1° Les deux cordes extrêmes sont UT tonique et *ut* octave; en sorte que ce tétracorde occupe toute l'étendue de l'échelle musicale (64);

2° Le ton majeur *fa*, *sol*, formé par les deux cordes moyennes occupe le milieu de l'échelle, étant précédé d'une quarte UT, *fa*, et suivi d'une seconde quarte *sol*, *ut*;

3° Chacune des deux cordes moyennes *fa* et *sol*, en formant une quarte avec l'extrême dont elle est la plus proche, forme aussi une quinte avec celle dont elle est la plus éloignée; en sorte que les intervalles de ce tétracorde, d'une régularité parfaite, sont absolument les mêmes, qu'on les prenne du grave à l'aigu ou de l'aigu au grave;

4° Enfin les intervalles de ce tétracorde, combinés entre eux

[1] Dans la musique ancienne, le son le plus grave de tout le système s'appelait *proslambanomène*. Son nom, dit Rousseau, signifie surnuméraire, acquise ou *ajoutée*.

sont tous mélodiques, consonnants ou dissonants, conformément aux 6e, 7e et 9e lois.

L'établissement et l'ordre des quatre sons UT, *fa*, *sol*, *ut*, appartiennent à la nature, qui les a réglés dans des rapports constants et invariables. Les trois cordes 1, 2 et 3 étant les premières appelées par la tonique UT sont par conséquent les premières à constituer l'échelle de cette tonique. Elles y sont d'autant plus *essentielles* que, dans l'ordre de génération, nulle autre ne saurait s'y placer avant elles.

80. — De la liaison entre la tonique et les cordes essentielles résulte que tout changement ou modification dans l'une quelconque de ces trois cordes, en suppose nécessairement dans la tonique et réciproquement. Les cordes essentielles d'une tonique sont donc aussi immuables que la tonique même qui les engendre. Nous en conclurons.

DIXIÈME LOI MUSICALE.

Les principaux sons qui constituent l'échelle d'une tonique, ou autrement les cordes essentielles et immuables de la tonalité sont l'octave, la quinte et la quarte.

Par ce qui précède, on doit suffisamment reconnaître le but et l'utilité du tétracorde naturel, en ce qu'il règle et détermine les principaux sons de l'échelle d'une tonique

Nous aurons plus tard occasion de reconnaître à ce tétracorde bien d'autres propriétés.

§ 2.

(Appendice au Chapitre quatrième.)

TÉTRACORDE DE MERCURE.

81. — « Les anciens nommaient *système* tout intervalle composé, ou conçu composé d'autres intervalles plus petits, considérés comme les éléments du système. Ils divisaient les *systèmes* en généraux et particuliers. Ils appelaient *systèmes particuliers* tout composé d'au moins deux intervalles. Les *systèmes généraux*, qu'ils appelaient *Diagrammes*, étaient formés par la somme de tous les *systèmes particuliers*, et comprenaient, par conséquent, tous les sons employés dans la musique » (Rousseau, art. *Système*).

Le tétracorde dont nous venons de voir la formation, bien que composé de sons mélodiques et musicaux, ne peut constituer une échelle musicale pratique. Il en est de même des pentacorde, hexacorde et heptacorde que nous allons voir dans les paragraphes suivants :

N'ayant pas de mot connu pour désigner ces différents groupes de sons appartenant à chaque tonique, et dont la réunion comprend tous les sons musicaux, nous distinguerons ces groupes sous le nom de *systèmes* qu'ils portaient dans la musique ancienne.

82. — « Tout le système des Grecs ne fut d'abord composé que de « quatre sons tout au plus. Les deux extrêmes sonnaient l'octave, « et les deux moyennes la partageaient en une quarte de chaque « côté et un ton dans le milieu, de la manière suivante : *ut*, *fa*, « *sol*, *ut*. » (Rousseau. *Dict. de Mus.*).

Ces quatre sons, comme on le voit, sont identiquement les mêmes que ceux du tétracorde naturel, développé ci-dessus.

Tel était suivant la plupart des auteurs anciens, le tétracorde de Mercure qui, au dire de l'abbé Brossard, l'inventa comme par hasard.

Hasard, génie, recherches ou observations, peu importe. Toujours est-il que l'inventeur de ce tétracorde, Mercure ou autre n'avait pas jugé à propos de faire connaître le secret de son invention; car les écrivains tant anciens que modernes ont suffisamment prouvé par leur silence qu'ils n'ont jamais connu ni l'utilité de ce tétracorde, ni les principes sur lesquels il était basé.

Tout ceci porte à croire que ce tétracorde formait, comme il le fait dans cette nomothésie, les premiers éléments de cette musique antique, qui a précédé celle des Grecs, et que ceux-ci avouaient n'avoir pas connue.

§ 3.

DEUXIÈME SYSTÈME.

PENTACORDE.

83. — Sans être grand connaisseur ni fort praticien en musique, on peut aisément pressentir l'insuffisance du tétracorde naturel. Le plus grand génie ne saurait avec ces quatre sons seuls ni peindre des sentiments ni produire de musique véritablement belle. Cette échelle demande donc à être modifiée, à être complétée.

L'ordre de génération étant le seul que nous puissions suivre, il devient évident que les trois cordes, nos 1, 2 et 3, employées dans le tétracorde naturel, appellent à leur suite la 4e corde mélodique $\frac{4}{5}$.

Par l'insertion de ce quatrième son mélodique dans l'échelle, nous obtiendrons un *pentacorde* dont nous représentons les intervalles combinés dans le tableau suivant :

Nos D'ORDRE.	DÉNOMINATIONS.	INTERVALLES sur la tonique.	INTERVALLES consécutifs.
1	*Ut*	$\frac{1}{2}$ octave	
			$\frac{3}{4}$ quarte.
2	*Sol*	$\frac{2}{3}$ quinte	
			$\frac{8}{9}$ ton majeur.
3	*Fa*	$\frac{3}{4}$ quarte	
			$\frac{15}{16}$ demi-ton maj.
4	*Mi*	$\frac{4}{5}$ tierce majeure .	
			$\frac{4}{5}$ tierce majeure.
0	*UT*	Tonique	

L'examen de ce tableau nous fait voir que l'insertion de la 4e corde mélodique dans l'échelle musicale est en tout conforme aux prescriptions des 7e, 8e et 9e lois en ce que les divers intervalles de ce pentacorde sont consonnants ou dissonants tant entre eux que sur leur tonique commune UT.

§ 4.

TROISIEME SYSTEME.

HEXACORDE.

84. — En poursuivant l'ordre de génération des cordes mélodiques col. *n (Fig. 7)*, nous avons maintenant à insérer dans l'échelle à la suite de la 4e mélodique, la cinquième corde no 5. Cette insertion nous donnera l'hexacorde que nous produisons dans le tableau ci-après :

GÉNÉRATION.	DÉNOMINATIONS.	INTERVALLES sur la tonique.	INTERVALLES consécutifs.
1	*Ut*	$\frac{1}{2}$ octave	
			$\frac{3}{4}$ quarte.
2	*Sol*	$\frac{2}{3}$ quinte	
			$\frac{8}{9}$ ton majeur.
3	*Fa*	$\frac{3}{4}$ quarte	
			$\frac{15}{16}$ demi-ton majeur.
4	*Mi*	$\frac{4}{5}$ tierce majeure .	
			$\frac{24}{25}$ demi-ton mineur.
5	*Lo* [1]	$\frac{5}{6}$ tierce mineure .	
			$\frac{5}{6}$ tierce mineure.
0	*UT*	Tonique	

L'examen de ce tableau nous fait aussi reconnaître que les sons et les intervalles de cet hexacorde sont établis conformément aux 6e, 7e et 9e lois musicales.

Jusqu'ici, tout en nous conformant à ces lois, nous n'avons modifié en rien l'échelle naturelle, c'est-à-dire que nous avons suivi de point en point l'ordre de génération des cordes mélodiques de la col. *n*, puisque l'hexacorde ci-dessus est uniquement composé des cinq premiers sons mélodiques auxquels nous avons ajouté comme base leur tonique commune, UT.

§ 5.

QUATRIÈME SYSTÈME.

HEPTACORDE.

85. — Les modifications à opérer dans la série naturelle des sons mélodiques, pour en obtenir une échelle pratique, ne doivent point se faire d'une manière arbitraire mais bien conformément aux lois réglementaires de la musique.

En procédant toujours suivant l'ordre de génération établi par la 4e loi fondamentale nous aurions à utiliser maintenant les 6 et 7e cordes de la col. *n (Fig. 7)*.

Mais ces deux cordes, bien que mélodiques par leurs intervalles $\frac{6}{7}$ et $\frac{7}{8}$ sur la tonique, ne sont (71 et suiv.) ni des consonnances ni

[1] Cette dénomination *lo* correspond à la note que les musiciens modernes désignent par les dénominations de *ré dièze*, ou *mi bémol* ou *fa double-bémol*. Nous l'avons puisée dans le mot composé mélo-symphonie dont nous avons utilisé les cinq syllabes pour représenter les cinq notes de la gamme qui dans l'état actuel, n'ont pas de dénomination propre. Elles y correspondent de la manière suivante :

me	*lo*	*sym*	*pho*	*nie*
ut ♯, ré ♭	ré ♯, mi ♭	fa ♯, sol ♭	sol ♯, la ♭	la ♯, si ♭.

des dissonances. Elles ne sauraient donc, d'après la 9e loi, être introduite dans l'échelle mélo-symphonique.

Cette exclusion des 6e et 7e mélodiques, nous amène en présence des 8e et 9e qui sont deux dissonnances, (74 et 75) et qui forment sur la tonique les intervalles $\frac{8}{9}$ et $\frac{9}{10}$.

106. — Jusque-là, rien n'empêche de placer l'une quelconque de ces deux cordes mélodiques, dans l'échelle musicale, en regard de la tonique.

Nous disons l'une quelconque de ces deux mélodiques, car elles ne sauraient se placer toutes deux dans l'échelle pratique d'une manière consécutive immédiate, telles qu'on les trouve dans la série naturelle des sons de la 4e loi fondamentale, attendu que les intervalles $\frac{8}{9}$ et $\frac{9}{10}$, ton majeur et ton mineur, donnent entre eux le petit intervalle inappréciable $\frac{80}{81}$. Cet intervalle $\frac{80}{81}$, appelé comma majeur, que l'oreille ne peut saisir, que la voix ne peut rendre, n'étant ni une consonnance, ni une dissonance, puisqu'il ne résulte pas de deux consonnances mais bien de deux dissonances, se trouve ainsi exclu par la 9e loi musicale.

Ces deux cordes, 8e et 9e mélodiques, ne pouvant figurer dans l'échelle pratique d'une manière immédiate, il faut opter pour l'une des deux.

Mais ici la nature en plaçant dans l'ordre de génération le 8e son mélodique avant le 9e, nous indique assez clairement, (8e loi musicale) le choix que nous devons faire du 8e son complémentaire à l'exclusion du 9e.

L'insertion dans de ce 8e mélodique, à la suite du 5e, et en regard de la tonique nous donnera l'heptacorde suivant.

Nos D'ORDRE.	DÉNOMINATIONS.	INTERVALLES sur la tonique.	INTERVALLES consécutifs.
1	*Ut*	$\frac{1}{2}$ octave	
			$\frac{3}{4}$ quarte.
2	*Sol*	$\frac{2}{3}$ quinte	
			$\frac{8}{9}$ ton majeur.
3	*Fa*	$\frac{3}{4}$ quarte.	
			$\frac{15}{16}$ demi-ton maj.
4 } $\frac{27}{32}$	*Mi*	$\frac{4}{5}$ tierce majeure. .	
			$\frac{24}{25}$ demi-ton mi.
5	*Lo*	$\frac{5}{6}$ tierce mineure .	
			$\frac{15}{16}$ demi-ton maj.
8	*Ré*	$\frac{8}{9}$ secondemajeure.	
			$\frac{8}{9}$ ton majeur.
0	*UT*	Tonique	

L'on voit que les sons indiqués dans ce tableau, forment deux séries consécutives d'intervalles mélodiques consonnants et dissonants, l'une sur la tonique, et l'autre entre eux, conformant aux 6e, 7e et 9e lois.

L'insertion de ce 8e mélodique présente cependant une singularité qui ne s'était pas encore rencontrée, en ce qu'il introduit dans l'échelle musicale un intervalle non mélodique $\frac{27}{32}$ qu'il fait sur le 3e son mélodique, comme on le voit dans le tableau ci-dessus.

De cet intervalle $\frac{27}{32}$, résultent des conséquences auxquelles on ne s'attendrait sûrement pas, et que le chapitre suivant nous fera connaître.

CHAPITRE CINQUIÈME

GENRES MUSICAUX.

107. — Une chose qui mérite de fixer notre attention, je dirai même notre admiration, c'est que la nature en refusant au 8e son complémentaire un intervalle mélodique sur le 3e, donne en compensation aux deux sons intermédiaires, *mi* et *lo*, 4e et 5e cordes, des propriétés telles, qu'elles offrent au musicien des ressources qu'il chercherait vainement et bien inutilement dans toutes les autres cordes.

Et chose extraordinaire, ces 4e et 5e mélodiques que nous avons vus entrer dans l'échelle mélo-symphonique aux mêmes titres, et qui y ont des propriétés identiques, produisent dans la pratique des effets tout à fait différents.

Ces résultats sont tels, que ces deux cordes ont fixé de tout temps l'attention des musiciens ; qu'elles ont fait produire pour elles seules bien des volumes et qu'enfin elles ont été, et elles sont encore un sujet de graves discussions.

Puisqu'il en est ainsi, ces deux cordes mélodiques méritent bien de notre part une étude toute particulière. Nous examinerons d'abord leurs propriétés identiques.

PREMIERE IDENTITÉ.

DES QUATRIÈME ET CINQUIÈME CORDES MÉLODIQUES.

La présence du quatrième ou du cinquième son mélodique est rendue indispensable dans l'échelle par l'insertion du huitième

DÉMONSTRATION.

108. — Aux termes de la 7e loi musicale, tout son, pour faire partie de l'échelle mélo-symphonique, doit faire un intervalle mélodique consonnant ou dissonant avec les degrés dont il est immédiatement précédé et suivi. D'où il suit, que la corde *ré*, n° 8, faisant sur *fa*, n° 3, un intervalle non mélodique $\frac{27}{32}$, ne peut se trouver en regard de ce *fa*, ni être immédiatement précédée ou suivie. La présence de ce n° 8 nécessite donc dans l'échelle un son intermédiaire entre 8 et 3, *ré* et *fa*. Or ce son intermédiaire ne peut être que l'un des deux sons 4 ou 5, *mi* ou *lo*.

Car des quatre mélodiques, nos 4, 5, 6 et 7 qui, dans la série naturelle, col. *n*, séparent 3 et 8, il y en a deux nos 6 et 7 qui d'après la 9e loi ne peuvent entrer dans l'échelle musicale. Les deux sons 4 et 5 étant les seuls qui y soient admis, sont par conséquent les seuls qui puissent servir d'intermédiaires.

Il résulte de là que pour passer de 8 à 3, de *ré* à *fa* et inversement, il faut passer par l'un des deux sons intermédiaires 4 ou 5, *mi* ou *lo*.

Telle est leur première identité, et la première loi de la liaison des sons (Livre IIIe).

DEUXIEME IDENTITÉ.

L'un ou l'autre des 4e et 5e sons mélodiques peut être placé dans l'échelle ou en être retranché sans inconvénient et sans préjudice d'aucune loi, en sorte que ces deux cordes sont instables et mobiles.

DÉMONSTRATION.

Si de l'heptacorde du § 5, chap. 4, on retranche le 5e son mélodique *lo*, on aura l'hexacorde suivant dans lequel le n° 4 *mi*, fait sur 8 et 9, *ré* et *fa*, les intervalles mélodiques et dissonants $\frac{9}{10}$ et $\frac{15}{16}$, un ton mineur et un demi-ton majeur.

GÉNÉRATION.	DÉNOMINATIONS.	INTERVALLES sur la tonique.	INTERVALLES consécutifs.
1	*Ut*	$\frac{1}{2}$ octave..........	
			$\frac{3}{4}$ quarte.
2	*Sol*	$\frac{2}{3}$ quinte..........	
			$\frac{8}{9}$ ton majeur.
GENRE MAJ. 3 $\frac{8}{6}$	*Fa*	$\frac{3}{4}$ quarte..........	
			$\frac{15}{16}$ demi-ton maj.
4	*MI*	$\frac{4}{5}$ tierce majeure..	
			$\frac{9}{10}$ ton mineur.
8 $\frac{4}{3}$	*Re*	$\frac{8}{9}$ seconde maj....	
			$\frac{8}{9}$ ton maj.
0	*UT*	Tonique..........	

Si du même heptacorde § 5 on retranche le nº 4, *mi*, on voit par l'hexacorde ci-dessous que le nº 5 *lo* fait aussi sur 8 et 3 *ré*, et *fa* les mêmes intervalles $\frac{9}{10}$ et $\frac{15}{16}$, un ton mineur et un demi-ton majeur.

GÉNÉRATION.	DÉNOMINATIONS.	INTERVALLES sur la tonique.	INTERVALLES consécutifs.
1	*Ut*	$\frac{1}{2}$ octave..........	
			$\frac{3}{4}$ quarte.
2	*Sol*	$\frac{2}{3}$ quinte..........	
			$\frac{8}{9}$ ton majeur.
GENRE MIN. 3 $\frac{4}{3}$	*Fa*	$\frac{3}{4}$ quarte..........	
			$\frac{9}{10}$ ton mineur.
5	*LO*	$\frac{5}{6}$ tierce mineure..	
			$\frac{15}{16}$ demi-ton maj.
8 $\frac{8}{6}$	*Re*	$\frac{8}{9}$ seconde maj....	
			$\frac{8}{9}$ ton majeur.
0	*UT*	Tonique..........	

Ainsi, soit que l'on supprime le 4ᵉ mélodique *mi*, ou que cette suppression porte sur le 5ᵉ *lo*, les deux échelles qui en résultent renferment les mêmes intervalles consonnants et dissonants, et sont de plus conformes aux prescriptions des 6ᵉ 7ᵉ et 9ᵉ lois :

TROISIÈME IDENTITÉ.

Les 4e et 5e cordes mélodiques MI et LO ont, à l'ordre de génération près, la même valeur dans l'échelle.

90. — Le tableau comparatif suivant dans lequel nous avons résumé les divers intervalles consonnants et dissonants que chacun de ces deux sons forme avec les autres degrés de l'échelle, est la démonstration la plus évidente de cette identité :

4e SON MELODIQUE MI.		5e SON MELODIQUE LO.	
4 et 0 *mi* et *ut* donnent l'intervalle..	$\frac{4}{5}$	5 et 2 *lo* et *sol* donnent l'intervalle..	$\frac{4}{5}$
4 et 2 *mi* et *sol* donnent..............	$\frac{5}{6}$	5 et 0 *lo* et *ut* donnent..............	$\frac{5}{6}$
4 et 8 *mi* et *ré* donnent..............	$\frac{9}{10}$	5 et 3 *lo* et *fa* donnent..............	$\frac{9}{10}$
4 et 3 *mi* et *fa* donnent..............	$\frac{15}{16}$	5 et 8 *lo* et *ré* donnent..............	$\frac{15}{16}$

En comparant les deux côtés de ce tableau on voit, qu'à part les transpositions, les deux cordes 4 et 5 font avec les autres degrés de l'échelle le même nombre d'intervalles consonnants et dissonants. Elles ont donc, à l'ordre de génération près et d'après la 9e loi, la même valeur dans l'échelle.

Nous disons à part les transpositions, parce qu'en effet les deux cordes 4 et 5 *mi* et *lo* opèrent, en se succédant dans l'échelle, quelques mutations ou transpositions d'intervalles qu'il est important de connaître.

§ 2.

GENRE MAJEUR ET GENRE MINEUR.

91. — Nous avons dit que les 4e et 5e cordes mélodiques *mi* et *lo*, en se succédant dans l'échelle, y opéraient des transpositions d'intervalles.

En effet, si nous examinons la 1re colonne des deux hexacordes, du § précédent, nous voyons dans le premier, portant la 4e corde *mi*, que la tierce majeure $\frac{4}{5}$ se trouve en 0-4 ou *ut-mi* ; et la tierce mineure $\frac{5}{6}$ en 4-2 ou *mi-sol*. Tandis que dans le deuxième hexacorde, portant le 5e son mélodique *lo*, le même intervalle $\frac{4}{5}$ ou la tierce majeure se trouve transportée en 5-2 ou *lo-sol* ; et la tierce mineure $\frac{5}{6}$ en 0-5 ou *ut-lo*.

D'autres mutations ont encore lieu en même temps ; ainsi l'on voit par la 4ᵉ colonne, le ton mineur $\frac{9}{10}$, qui, dans le premier hexacorde est en 8-4 ou *ré-mi*, se trouve transposé de 8-4 en 5-3 ou *lo-fa*, dans le second; et le demi-ton majeur $\frac{15}{16}$ de 4-3 en 5-8, ou de *mi-fa* en *ré-lo*.

Voilà pour l'échelle mélo-symphonique deux manières d'être, deux combinaisons différentes résultant des 4ᵉ et 5ᵉ cordes mélodiques, par le maintien de l'une (89), et la suppression de l'autre. Nous désignerons ces deux combinaisons sous le nom de *genre*, en y ajoutant le mot *majeur* ou le mot *mineur*, selon que la tierce de la tonique sera majeure ou mineure.

C'est ainsi que le premier hexacorde, dont la tierce nº 4 forme sur la tonique *o*, la tierce majeure *ut-mi*, contient le *genre majeur*; et le deuxième dans lequel la tierce 0-5 ou *ut-lo* est mineure renferme le *genre mineur*.

On voit ainsi que la présence dans l'échelle mélo-symphonique de l'une des 4ᵉ ou 5ᵉ cordes mélodiques, à l'exclusion de l'autre, y détermine une constitution particulière, un *genre principal* dont elle est la corde essentielle, et nous donne la loi suivante.

ONZIÈME LOI MUSICALE.

Il y a en Musique deux genres principaux, l'un majeur et l'autre mineur. Le genre majeur a pour corde essentielle la 4ᵉ corde mélodique, tierce majeure de la tonique. Le genre mineur a pour corde essentielle la 5ᵉ corde mélodique, tierce mineure de la tonique. Chacune de ces cordes, à l'exclusion de l'autre, constitue et détermine son genre respectif.

92. — L'examen des deux hexacordes ci-dessus nous fait aisément reconnaître :

1º Les mutations d'intervalles provenant des 4ᵉ et 5ᵉ cordes mélodiques sont restreintes dans l'intervalle d'une quarte, c'est-à-dire entre la tonique *ut* et la quarte *fa*; en sorte que chacun des genres majeur et mineur est limité, au grave par la tonique, et à l'aigu par la quarte;

2º Le genre majeur procède du grave à l'aigu par un ton, puis un autre ton, puis un demi-ton comme suit :

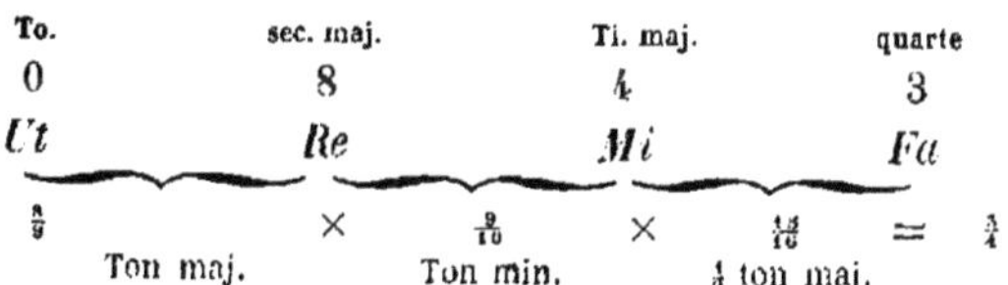

3° Le genre mineur procède du grave à l'aigu par un ton, puis un demi-ton, puis un ton comme suit :

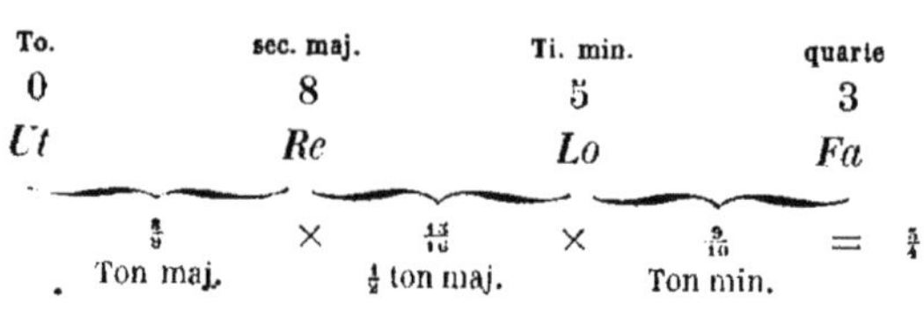

§ 3.

GENRE SYNTONIQUE.

93. — De tous les sons mélodiques que la 9e loi musicale avait mis à notre disposition pour la construction de notre échelle mélo-symphonique, nous avons déjà utilisé les 1er, 2e, 3e, 4e, 5e ,et 8e.

Nous avons vu (86) comment le 9e mélodique, faisant sur le 8e le comma $\frac{80}{81}$, ne pouvait être employé dans l'échelle conjointement avec ce dernier.

Bien plus, voudrions-nous insérer ce 9e mélodique à l'exclusion du 8e, que nous ne le pourrions pas, puisque alors ce 9e mélodique se trouverait en regard du 5e avec lequel il fait un intervalle $\frac{25}{27}$ exclu par la 7e loi musicale.

Il ne nous reste donc plus pour la construction de notre échelle mélo-symphonique que les 15e et 24e mélodiques (75).

Ici, comme cela nous est arrivé (86) pour les 8e et 9e mélodiques, il faut opter soit pour le 15e soit pour le 24e, par la raison que ces deux sons font entre eux l'intervalle non mélodique $\frac{125}{128}$ exclu par la 7e loi. Mais ici encore, nous sommes forcé de prendre le 15e qui, dans l'ordre de génération, naît avant le 24e.

L'insertion de ce 15e mélodique dans l'échelle en regard de la tonique en exclut le 8e, avec lequel il fait un intervalle non mélodique $\frac{128}{135}$.

Ainsi, la présence du 15e mélodique dans l'échelle, réduit encore celle-ci à l'état d'heptacorde, qui ne diffère du 1er heptacorde (86), qu'en ce que le n° 8 est remplacé par le 15e, comme suit :

CINQUIÈME SYSTÈME.

OU 2e EPTACORDE.

Nos D'ORDRE.		DÉNOMINATIONS.	INTERVALLES sur la tonique.	INTERVALLES consécutifs.
1		*Ut*	$\frac{1}{2}$ octave..........	
				$\frac{3}{4}$ quarte
2		*Sol*	$\frac{2}{3}$ quinte..........	
				$\frac{8}{9}$ ton majeur
3		*Fa*	$\frac{3}{4}$ quarte..........	
				$\frac{15}{16}$ demi-ton maj.
4	$\frac{64}{75}$	*Mi*	$\frac{4}{5}$ tierce majeure..	
				$\frac{24}{25}$ demi-ton min.
5		*Lo*	$\frac{5}{6}$ tierce mineure..	
				$\frac{8}{9}$ ton majeur
15		*Mé*	$\frac{15}{16}$ seconde min....	
				$\frac{15}{16}$ demi-ton maj.
0		*Ut*	Tonique..........	

L'examen de ce tableau fait voir que les sons y forment, d'après les 6e, 7e et 9e lois, tant entre eux que sur la tonique, deux séries d'intervalles mélodiques consonnants ou dissonants.

94. — Voyons maintenant si l'insertion du 15e mélodique dans l'échelle, peut aussi permettre, sans préjudice, la libre suppression du 4e ou du 5e mélodique.

Il est évident que la suppression du 5e mélodique *lo* ne peut avoir lieu; car, ainsi qu'on le voit dans la 1re colonne, le 15e mélodique *me* se trouverait en regard du 4e *mi*, avec lequel il fait un intervalle anti-mélodique $\frac{64}{75}$.

La suppression du 4e, au contraire, aurait pour résultats:

1o d'éliminer l'intervalle $\frac{64}{75}$, banni par les 7e et 9e lois musicales;

2o De remplacer le demi-ton majeur $\frac{15}{16}$ et le demi-ton mineur $\frac{24}{25}$ par le ton mineur $\frac{9}{10}$;

3o De rendre mélodiques, consonnants ou dissonants tous les intervalles combinés de l'échelle, comme dans l'hexacorde suivant :

GÉNÉRATION.	DÉNOMINATIONS.	INTERVALLES sur la tonique.	INTERVALLES consécutifs.
1	*Ut*	$\frac{1}{2}$ octave.........	
			$\frac{3}{4}$ quarte
2	*Sol*	$\frac{2}{3}$ quinte.........	
			$\frac{8}{9}$ ton majeur
GENRE SYNT. 3	*Fa*	$\frac{3}{4}$ quarte.........	
			$\frac{9}{10}$ ton mineur
GENRE SYNT. 5	*Lo*	$\frac{5}{6}$ tierce mineure..	
			$\frac{8}{9}$ ton majeur.
GENRE SYNT. 15	*Mé*	$\frac{24}{25}$ seconde min....	
			$\frac{15}{16}$ demi-ton maj.
GENRE SYNT. 0	*Ut*	Tonique.........	

L'insertion du 15e mélodique, tout en excluant le 8e et le 4e, conserve dans l'échelle mélo-symphonique les intervalles propres et inhérents aux deux genres majeur et mineur ; c'est-à-dire les deux tons et le demi-ton. Il y opère de plus les mutations d'intervalles qui en font l'objet d'un nouveau *genre principal*. C'est pourquoi nous lui donnerons ou plutôt nous lui restituerons le nom de *genre syntonique*.

Le genre syntonique est une sorte de genre mineur, puisqu'il porte la 5e mélodique, corde essentielle de ce genre (10e loi m.).

Il diffère cependant du genre mineur par la substitution du demi-ton majeur au ton majeur, et réciproquement.

Il diffère aussi du genre majeur, en ce qu'il porte le demi-ton au grave, en regard la tonique *ut*, tandis que celui-ci le porte à l'aigu regard de la quarte *fa*.

Le genre syntonique, bien que portant la tierce mineure, ne doit donc sa constitution ni ses propriétés à la présence du 5e mélodique *lo*, mais bien au 15e *mé* qui, placé par ordre de génération en regard de la tonique, comme seconde mineure, opère seul la mutation des intervalles ci-dessus. Nous aurons donc :

DOUZIEME LOI MUSICALE.

Il y a en musique un troisième genre principal : le genre syntoptique, portant tierce mineure, mais ayant pour corde essentielle la 15e corde mélodique, ou la seconde mineure de la tonique.

Le genre syntonique, renfermé ainsi que les deux genres majeur et mineur dans l'intervalle d'une quarte, procède du grave à l'aigu par un demi-ton, puis deux tons consécutifs comme suit :

To.	sec. min.	ti. min.	quarte.
0	15	5	3
Ut	*Mé*	*Lo*	*Fa*

$$\underbrace{\tfrac{15}{16}}_{\tfrac{1}{2}\text{ ton maj.}} \times \underbrace{\tfrac{8}{9}}_{\text{ton maj.}} \times \underbrace{\tfrac{9}{10}}_{\text{ton min.}} = \tfrac{3}{4}$$

§ 4.

GENRE MIXTE.

95. — Nous avons vu au chapitre 4 que l'insertion consécutive des cordes nos 1, 2, 3, 4 5 et 8, dans les divers systèmes s'est opérée conformément aux 6e, 7e et 9e lois musicales. Rien, par conséquent, ne s'oppose à l'emploi consécutif et immédiat des 4e et 5e cordes mélodiques *mi* et *lo*.

Cependant nous venons de voir dans les § précédents que la présence exclusive de l'une des deux cordes mélodiques *mi* ou *lo* dans l'échelle, y acquérait des propriétés particulières et y constituait un genre principal dont elle était la corde essentielle. Il arriverait donc que l'emploi immédiat de ces deux cordes, opérerait non pas la fusion des deux genres majeur et mineur, mais bien leur annihilation. On ne saurait, en effet, déterminer le genre dans l'heptacorde, (86). Il ne peut être majeur puisqu'il porte la tierce mineure 5; par la même raison, la présence de la tierce majeure 4 en exclut le genre mineur.

96. — Car rappelons-nous-le bien, les deux cordes 4 et 5, *mi* et *lo*, en constituant les deux genres majeur et mineur (11e loi m.) n'ont pas pour seule propriété de former sur la tonique une tierce soit majeure, soit mineure; mais aussi celle d'opérer la mutation réciproque du ton mineur et du demi-ton majeur (91). Mutation qui ne peut avoir lieu qu'à l'exclusion de l'une de ces deux cordes.

Il résulte de là que dans l'emploi immédiat des 4e et 5e cordes mélodique *mi* et *lo*, comme dans le no 86, les deux genres majeur et mineur se trouvent réciproquement détruits et annulés par leurs cordes essentielles mêmes. Il en résulte, disons-nous que le musicien ne saurait profiter des avantages attachés aux genres qu'en se soumettant à la 11e loi qui les régit.

97. — Pour concilier dans un même chant la présence des deux

cordes *mi* et *lo* avec la conservation de leur genre respectif, nous n'avons qu'un seul moyen ; c'est de faire servir l'une d'elles en allant du grave à l'aigu ; et l'autre en venant de l'aigu au grave.

Il s'agit donc de déterminer l'usage de ces deux cordes dans un même chant.

La tierce majeure *mi*, forme sur la tonique *o* un intervalle plus grand que celui de la tierce mineure *lo*. Or, en partant de la tonique vers la quarte ou la quinte, on tend à s'éloigner de cette tonique. Dans ce cas, il est rationnel de ce rapprocher autant que possible du but à atteindre, et d'employer par conséquent le plus grand des deux intervalles, c'est-à-dire la tierce majeure *mi*. Il en est réciproquement de même en revenant de l'aigu au grave vers la tonique par la tierce mineure *lo* qui, dans ce cas, s'éloignera d'autant plus de la quarte pour se rapprocher de la tonique que son intervalle avec cette dernière sera plus petit.

98.—Cette nouvelle combinaison constituerait, non pas dans l'échelle qu'elle ne modifie aucunement, mais dans un même chant, un genre particulier qui participerait à la fois du genre majeur et du genre mineur, en ce qu'il en contiendrait les deux cordes essentielles, sans contrevenir à la 11e loi musicale, et qu'il opérerait en même temps les transpositions d'intervalles qui caractérisent ces deux genres.

Aussi le nommerons-nous *genre mixte*, comme opérant dans le même chant la mixtion des deux genres majeur et mineur. Nous aurons de là le corollaire suivant :

Des deux cordes essentielles des genres majeur et mineur peut résulter un genre mixte, par l'emploi de la 4e corde mélodique en montant, et celui de la 5e mélodique en descendant ; comme suit :

EN MONTANT[1]				EN DESCENDANT.			
0	8	4	3	4	5	8	0
Ut	*Ré*	*Mi*	*Fa*	*Fa*	*Lo*	*Ré*	*Ut*
Ton	ton	½ ton		ton	½ ton	ton.	

Cette manière de procéder à l'égard des deux genres majeur et mineur dans un même chant, paraît la plus rationnelle ; et cependant les raisons dont nous avons déduit le genre mixte font assez voir que

[1] Par cette expression *en montant* l'on doit entendre que la tierce soit suivie d'un son plus aigu ; de même qu'en descendant elle doit être suivie d'un son plus grave.

ce n'est pas là un genre principal, mais seulement un genre secondaire, qui, participant des deux premiers genres principaux, ne les modifie nullement.

§ 5.

RÉSUMÉ DES GENRES ET DE LEURS CARACTÈRES.

CARACTÈRES GÉNÉRAUX.

99. — 1° Tout genre se résume en un tétracorde dont les deux cordes extrêmes, la tonique et la quarte, sont stables, mais dont les deux cordes moyennes sont mobiles.

2° Le genre est une échelle, un tout complet formé des trois intervalles incomposés, deux tons et un demi-ton, et renfermé dans l'intervalle d'une quarte.

3° L'une des deux cordes moyennes, appelée corde essentielle, possède entre autres propriétés, celle de fixer la position relative de ce demi-ton qui constitue la nature du genre.

CARACTÈRES PARTICULIERS.

100. — Genre majeur. 1° Le genre majeur a pour corde essentielle le 4e son mélodique *mi* ou la tierce majeure de la tonique.

2° Le demi-ton s'y trouve en regard de la quarte ; en sorte que ce genre procède du grave à l'aigu par deux tons consécutifs puis un demi-ton.

Genre mineur. La corde essentielle du genre mineur est le 5e son mélodique *lo* ou la tierce mineure de la tonique ; elle place le demi-ton entre les deux tons ; en sorte que ce genre procède par un ton, un demi-ton, puis un ton.

Genre syntonique. La corde essentielle du genre syntonique est le 15e son mélodique *mé* ou la seconde mineure de la tonique.

Le demi-ton s'y trouvant en regard de la tonique, ce genre procède du grave à l'aigu par un demi-ton, puis deux tons, en sens inverse du genre majeur.

Tels sont les caractères généraux et particuliers des trois genres principaux que la nature propose au musicien, par les 11e et 12e lois musicales, sans l'astreindre toutefois à en adopter plutôt l'un que l'autre. Elle laisse, sous ce rapport, toute liberté et tout essor à son génie.

Genre mixte. Le genre mixte est un genre secondaire, ou plutôt un mélange, une mixtion des deux genres majeur et mineur dans le même chant, en ce qu'il porte la tierce majeure en montant et la tierce mineure en descendant, c'est-à-dire qu'il procède du grave à l'aigu par deux tons et un demi-ton ; et, de l'aigu au grave, par un ton, un demi-ton, puis un ton.

Appendice au Chapitre cinquième.

Nous croyons devoir présenter ici quelques observations et remarques comparatives entre les genres de cette nomothésie et ceux de la musique tant ancienne que moderne.

§ 1er.

GENRES DE LA MUSIQUE ANCIENNE.

101. — Caracteres generaux. « Le genre est la division et la dis-
» position du tétracorde considéré dans les intervalles des quatre
» sons qui le composent.

» Le tétracorde était pour les Grecs un tout complet, renfermé dans
» l'intervalle d'une quarte ou diatessaron. Les deux cordes extrêmes
» en étaient stables et les deux moyennes mobiles. (D. de M. *Genre.*) »

Il est facile de voir (99) que tels sont aussi les deux premiers caractères généraux de genres de cette nomothésie.

102. — Genre dit enharmonique d'Olympe. « Le genre enharmo-
» nique passait pour très-ancien, et le premier trouvé des trois, au
» rapport d'Aristide Quintilien. La plupart des auteurs en attribuaient
» l'invention à Olympe Phrygien. Mais, son tétracorde ou plutôt son
» diatessaron de ce genre ne contenait que trois cordes qui formaient
» entre elles deux intervalles incomposés; le premier d'un demi-ton,
» et l'autre d'une tierce majeure. » (D. de M. *enharmonique*).

Si dans le pentacorde (83) nous prenons les trois sons 3, 4, 0 suivant l'ordre de génération, c'est-à-dire de l'aigu au grave suivant l'usage des Grecs, nous aurons l'échelle suivante :

3   4   0
fa   *mi*   *ut*

$\frac{15}{16} \times \frac{4}{5} = \frac{3}{4}$

demi-ton majeur.   tierce majeure.

Ainsi, la première quarte du pentacorde d'*ut*, renferme ce que les auteurs appellent le genre Enharmonique d'Olympe.

103. — Echelle dite genre chromatique. « Le genre chroma- » tique grec procédait par deux demi-tons et une tierce mineure. »

Si nous examinons l'exacorde (84) et que nous y prenions les quatre cordes de la première quarte 0 3, nous aurons, en procédant de l'aigu au grave, suivant l'ordre de génération, l'échelle suivante :

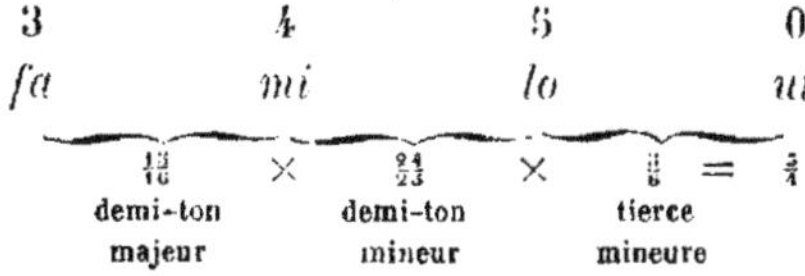

Cette échelle procède par deux demi-tons et une tierce mineure et constitue un tétracorde en tout identique à ce que quelques auteurs appellent *genre chromatique*.

Il est évident que cette échelle n'est pas plus un genre que l'enharmonique d'Olympe ; car un genre ne se résume pas seulement en un tétracorde, il faut encore qu'il porte les trois intervalles incomposés deux tons et un demi-ton, (99) tandis que les trois intervalles incomposés de l'échelle ci-dessus sont deux demi-tons et une tierce mineure.

D'après la manière dont les anciens Grecs ont envisagé : 1° le *tétracorde naturel*, qu'ils nomment *tétracorde de Mercure* ; 2° le *pentacorde* qu'ils appellent *genre enharmonique d'Olympe* ; 3° l'*hexacorde* qu'ils disent contenir le *genre chromatique* ; et enfin 4° les *heptacordes* et *octacordes* dont ils nous parlent, il paraît certain qu'ils n'y ont vu ni les éléments, ni les principes de leur propre musique et que ces éléments et ces principes avaient appartenu à cette musique antique que les Grecs regrettaient de n'avoir pas connue, et dont ils avaient seulement conservé les attributs.

104. — Genre diatonique grec. » Le genre *diatonique* procédait

» par un demi-ton, un ton, puis un autre ton. Comme on y passait » par deux tons consécutifs, de là lui venait, dit Rousseau, le nom de » diatonique. »

» L'accord du *diatonique ordinaire du tétracorde* formait trois inter- » valles dont le premier était d'un-demi ton et les deux autres d'un » ton chacun, de cette manière : *mi fa sol la*

Ici, Rousseau se trompe dans l'application, et d'une manière d'autant plus étrange qu'il dit lui-même aux articles *Nete, Trite, Hypate*, que les anciens Grecs prenaient les sons de l'aigu au grave, et de haut en bas.

Ainsi au lieu de.	*Mi*	*Fa*	*Sol*	*La*
Le genre diatonique serait d'après Rousseau	$\frac{1}{2}$ t.	ton	ton	
lui-même.	*Fa*	*Mi*	*Ré*	*Ut*

Or, cette dernière échelle est évidemment la même que le genre majeur de cette nomothésie pris de l'aigu au grave comme suit :

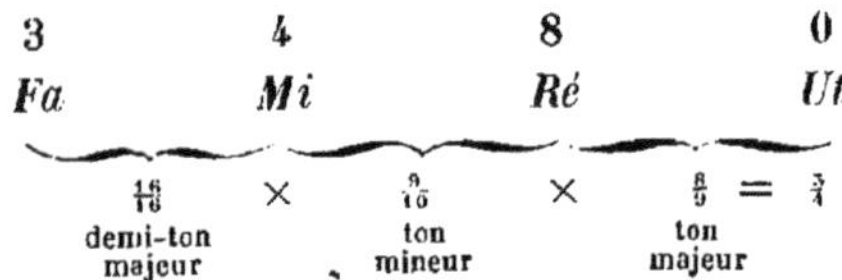

Donc, le genre diatonique grec, pris comme le dit Rousseau, du grave à l'aigu, est *ut ré mi fa*, et non *mi fa sol la*.

105. — Genre chromatique grec. « Le genre chromatique, procédait par deux demi-tons et un semi-diton, ou une tierce mineure. » (*Dict. de Mus.*)

Nous avons déjà fait voir (103) qu'une pareille échelle ne possède pas les caractères qui constituent un genre.

Les auteurs eux-mêmes, conviennent que procéder ainsi n'était pas de rigueur. « Je scay, dit le P. Mersenne, que les Grecs voulaient que » le genre chromatic se chantast par deux demy-tons et par un sesqui » diton, que nous appelons tierce mineure, dont ils achevaient leur » tétracorde ; mais il ne faut pas s'imaginer que l'on doive nécessaire- » ment procéder par les seuls degrés de ces genres. » *(Liv. 2 des Inst. P. 73)*

« Pour le genre chomatique, dit Rousseau, il fallait baisser d'un

» demi-ton la troisième corde du diatonique, et l'on avait *mi*, *fa*, » *fa* dièze, *la*.

Ici, comme nous l'avons dit tout à l'heure, Rousseau se trompe encore dans l'application. Car, puisqu'il prend les sons du grave à l'aigu, le genre diatonique est, ainsi que nous l'avons fait voir *ut*, *ré*, *mi*, *fa*.

Or baisser comme il le dit, la troisième corde qui doit être *mi*, d'un demi-ton, c'est la rendre en même temps à un ton de *fa* et à un demi-ton de *ré*. Et alors ce genre chromatique, pris du grave à l'aigu, devient absolument le genre mineur de cette nomothésie, comme suit :

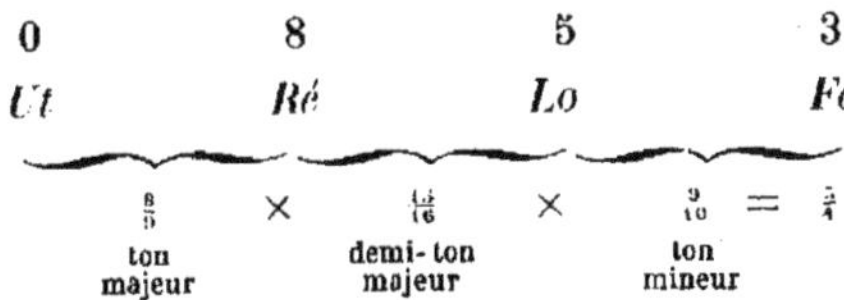

Ou de l'aigu au grave suivant les anciens :

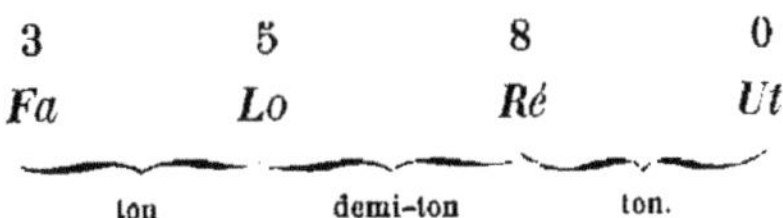

Ainsi, malgré les contradictions des auteurs, on reconnaît encore à la faveur de nos lois musicales, que le genre diatonique et le genre chromatique des Grecs répondaient au genre majeur et au genre mineur que nous avons établis.

Au reste, nous ne nous donnons pas à la recherche de la musique ancienne, mais seulement à celle des lois musicales. Nous sommes donc peu embarrassés du labyrinthe dans lequel se sont jetés les musiciens grecs et nous laissons à d'autres le soin de justifier les nombreux genres dont les auteurs ont tant parlé, sans en donner une seule raison.

106. — Genre syntonique de Ptolemee « Ptolomée, dit Rousseau « (art. *Syntonique)* établit un autre genre, par lequel il divise le té- « tracorde en trois intervalles : le premier, d'un demi-ton majeur ; « le second, d'un ton majeur ; et le troisième, d'un ton mineur. Ce « diatonique dur ou syntonique de Ptolémée nous est resté, et c'est aussi le diatonique unique de Dydyme ; à cette différence près que

Didyme ayant mis le ton mineur *au grave*, et le ton majeur *à l'aigu*, Ptolomée *renversa cet ordre*, comme suit :

$$\frac{15}{16} \times \frac{8}{9} \times \frac{9}{10} = \frac{3}{4}$$

Voilà qui est explicite ; il n'y a pas à s'y tromper.

Le genre syntonique de Ptolémée procédait donc du grave à l'aigu par un demi-ton, puis deux tons consécutifs.

Or, n'est-ce pas de cette manière que procède aussi le genre auquel nous avons restitué (94) le nom de syntonique.

Quel que soit donc le principe sur lequel Ptolémée avait établi son genre syntonique, ce qui du reste importe peu aujourd'hui que nous l'avons découvert nous-mêmes, il est constant que ce genre est identiquement le même que le genre syntonique de cette nomothésie.

§ 2.

GENRES DE LA MUSIQUE RELIGIEUSE.

107. — Une chose assez singulière dans les chants d'Eglise, c'est qu'on y fait un usage constant de trois genres principaux : majeur, mineur et syntonique ainsi que du genre mixte sans qu'on semble s'en douter, ou du moins sans que personne, sans qu'aucune méthode en ait jamais parlé.

Ces genres s'y trouvent enveloppés dans les modes d'une manière si adroite et si imperceptible, que sans l'aide des lois musicales qui donnent les nomes, il eut été impossible de les y reconnaître.

Et, chose admirable, malgré les altérations et les modifications qu'a subies ce chant, les genres s'y sont conservés dans toute leur intégralité.

Nous aurons occasion de vérifier cette assertion lorsque nous traiterons des nomes et des modes, et de leur application aux chants liturgiques.

§ 3.

MUSIQUE MODERNE ; — SES GENRES.

108. — Genre majeur. Le genre majeur est le seul des trois genres principaux que les musiciens modernes aient employé dans toute sa généralité, bien qu'ils ne l'aient reconnu qu'en partie.

Le P. Mersenn Rousseau, d'Alembert et la plupart des auteurs modernes ayant reconnu que leur échelle musicale, composée de huit sons, renfermait deux fois quatre sons dans le même ordre, l'ont assimilée à deux tétracordes semblables comme :

Ut		*Re*		*Mi*		*Fa*
	ton		ton		$\frac{1}{2}$ t.	
Sol		*La*		*Si*		*Ut*

Mais caché sous un voile qu'ils ne se sont pas donné la peine de soulever, le principe de ces tétracordes leur céla aussi celui de leurs genres. En sorte que, pour obtenir le seul genre majeur dans le tétracorde grave, ils n'ont rien trouvé de plus simple que de transporter la 17e majeure en regard de la tonique pour en faire une tierce majeure, confondant ainsi le 4e son harmonique $\frac{1}{5}$ aevc le 4e son mélodique $\frac{4}{5}$.

Nous avons déjà fait connaître (55) les intervalles harmoniques reconnus comme base de la musique des modernes. Le tableau suivant fera voir la transposition de ces mêmes intervalles pour la formation de leur échelle musicale.

	0	$\frac{1}{9}$	$\frac{1}{5}$	$\frac{1}{3}$	$\frac{1}{2}$
Système des modernes. . .	*Ut*	*Re*	*Mi*	*Sol*	*Ut*
	tonique	23e	17e	12e	8e

Il résulte de ce tableau que d'après les modernes :

1° La tonique n'engendre pas la tierce majeure mais la dix-septième ;

2° La tonique n'engendre pas la quinte mais la douzième ;

3° La tonique n'engendre pas la seconde majeure mais la vingt-troisième ;

4° Enfin la tonique n'engendre ni la seconde mieure ni la tierce mineure, ni la quarte.

126. — Genre mineur. — Les théoriciens modernes n'ont pas donné jusqu'ici la raison de l'existence du genre mineur.

Rameau ne le trouve pas même en se fondant sur une supposition gratuite;

D'Alembert, pour obtenir la tierce mineure d'une tonique, *imagine arbitrairement* sous la quinte *sol* une 17e majeure.

Rousseau y va plus franchement, en disant « que le genre mineur

« n'est pas donné par la nature ; qu'on ne le trouve que par analogie « et par renversement ; et qu'il en est ainsi dans le système de Tar- « tini, et dans celui de Rameau. »

Après cela, il n'est plus étonnant que jusqu'ici les musiciens modernes n'aient pu se comprendre, et que le système de la basse fondamentale ait eu plus d'antagonistes que de partisans.

C'est donc avec raison que M. Vincent aurait dit « C'est même ce qui « nous paraît ébranler un peu la théorie d'après laquelle on prétend « faire dériver toutes les lois de l'harmonie de ce que l'on est convenu « d'appeler la résonnance du corps sonore, puisque cette résonnance, « *dans les limites et le sens qu'on l'entend* ne saurait produire le mode « mineur. » *(Not. et ext.* p. 98.)

127. — D'après ce que nous avons dit dans le chapitre 5, § 1, 2 et 3, il doit paraître évident de deux choses l'une · ou les genres majeur et mineur ne sont donnés ni l'un ni l'autre par la nature, ou ils le sont tous les deux, car :

1° Les 4e et 5e mélodiques qui constituent ces genres font tous deux partie de la série naturelle donnée par la 4e loi fondamentale.

2° Chacun d'eux fait sur la tonique un intervalle mélodique et consonnant.

3e Chacun d'eux en se succédant dans l'échelle musicale y fait un intervalle mélodique et dissonnant avec le degré dont il est immédiatement précédé et suivi.

4e Ils font, l'un et l'autre un nombre égal d'intervalles mélodiques, de consonnances et de dissonances avec les autres degrés de l'échelle musicale. Ils y ont, par cela seul, une valeur égale.

5° Enfin, en se succédant dans l'échelle, ils y opèrent la transposition des mêmes intervalles.

Ces deux sons entrent donc dans l'échelle musicale avec les mêmes propriétés et aux mêmes titres.

Par toutes ces raisons, il est suffisamment prouvé que le genre majeur et le genre mineur ont une origine commune, et qu'ils nous sont donnés tous deux par la nature.

En ce qui concerne le genre syntonique, les musiciens modernes ne le reconnaissent pas. M. de Blainville avait essayé de le passer pour un mode sous le nom de mode mixte (28).

CHAPITRE SIXIÈME

TONIQUES AUXILIAIRES.

§ 1er.

NÉCESSITÉ D'UNE TONIQUE AUXILIAIRE.

111. — Après avoir trouvé le système général ou les huit sons engendrés par le son fondamental, et avoir préalablement formulé les lois des consonnances et des dissonances, celles de l'échelle musicale et de ses degrés, celles de la tonique et de ses cordes essentielles, des trois genres principaux et de leur constitution, enfin, après avoir conformément à ces lois, emprunté à la série naturelle tous les sons applicables à l'échelle mélo-symphonique, nous savons n'avoir encore rempli notre tâche qu'à moitié. Là ne se borne pas en effet ce que le musicien est en droit d'exiger en fait d'échelle musicale.

Pous nous en convaincre, il nous suffira de comparer le tétracorde naturel d'*ut* (78) avec les hexacordes (89), ou seulement avec l'octacorde représentant le système général des sons engendrés par la tonique fondamentale *ut* (129).

Le tétracorde naturel est tel que le ton majeur *fa-sol* ou 3-2 occupant le milieu de l'échelle se trouve précédé d'une quarte 0-3 ou *ut-fa*, et suivi d'une quarte 2-1 ou *sol-ut*.

Dans ce tétracorde, les deux intervalles *ut-fa* et *sol-ut* sont incomposés.

Dans l'octacorde (129), le même ton majeur *fa-sol* est encore précédé de la quarte *ut-fa* et suivi de la quarte *sol-ut*.

Mais ici la 2e quarte *sol-ut* est encore un intervalle incomposé, tandis que la 1re quarte *ut-fa* renferme quatre sons intermédiaires *mé*, *re*, *lo*, *mi*.

112. — Cette seule comparaison nous conduit aux remarques suivantes :

Première remarque. — Toutes les modifications opérées dans le tétracorde naturel, en vertu des lois musicales, pour en faire une échelle pratique, sont restreintes dans la 1re quarte *ut-fa*.

Deuxième remarque. — La 2e quarte *sol-ut* étant formée par le 2e et le 1er sons mélodiques, on ne saurait insérer dans cette quarte un seul son qui appartînt à la même tonique, ni qui pût faire avec elle un intervalle mélodique.

Chercher à remplir cette 2e quarte *sol-ut* par les mélodiques de la tonique fondamentale *ut*, ce serait perdre son temps, ce serait tenter l'impossible.

113. — Il s'opère dans le tétracorde naturel une scission qui, à partir du ton majeur *fa-sol* qui en occupe le milieu, divise ce tétracorde en deux intervalles égaux, en deux quartes, dont l'une, *ut-fa*, est susceptible de contenir un certain nombre de mélodiques du son fondamental *ut ;* mais dont l'autre, *sol-ut*, ne peut subir aucune modification de la part de cette même tonique. Il suit de là :

1° Le tétracorde naturel, quoique produit par la tonique *ut*, ne saurait, si l'on tient à remplir les deux quartes *ut-fa* et *sol-ut* appartenir en entier à cette seule tonique ;

2° Les sons que chacune de ces deux quartes pourrait contenir forment deux séries tout à fait distinctes et séparées.

3° Enfin, tout son musical étant engendré par une tonique (1re loi mus.), et de plus tout degré de l'échelle musicale devant faire sur la tonique un intervalle mélodique, consonnant ou dissonant (6e et 9e loi) nous ne saurions obtenir de nouveaux sons dans la 2e quarte *sol-ut*, du tétracorde naturel, sans recourir à une deuxième tonique.

Or, cette nouvelle tonique, nous devons l'obtenir facilement, puisqu'en vertu de la 4e loi musicale, toute corde complémentaire peut, toutes choses étant égales d'ailleurs, être convertie en tonique.

Nous en conclurons :

TREIZIÈME LOI MUSICALE.

Pour insérer un ou plusieurs sons dans la deuxième quarte du tétracorde naturel, il faut recourir à une tonique auxiliaire.

§ 2.

CONDITIONS IMPOSÉES A LA TONIQUE AUXILIAIRE.

114. — En recourant à une nouvelle tonique, on a pour but d'insérer des sons engendrés par celle-ci dans le domaine de la tonique

fondamentale *ut*. Cela implique entre ces deux toniques une solidarité et une corrélation telles que tout changement ou modification dans l'une en apporte aussi dans l'autre.

Or, deux toniques auront entre elles d'autant plus de liaison, d'affinité et de solidarité, qu'elles auront en commun un plus grand nombre de cordes, et particulièrement de cordes essentielles et tonales.

Partant de ce principe, la solidarité des deux toniques fondamentale et auxiliaire, repose sur les deux lois suivantes :

QUATORZIÈME LOI MUSICALE.

Toute tonique auxiliaire doit s'asseoir sur l'une des cordes essentielles et principales de la tonique fondamentale.

QUINZIÈME LOI MUSICALE.

Toute tonique auxiliaire doit avoir dans ses cordes essentielles l'une des cordes essentielles de la tonique fondamentale.

Il est évident que toute tonique auxiliaire qui remplira ces deux conditions, se trouvera immuablement liée à la tonique fondamentale.

En vertu de ces deux lois, deux des trois cordes essentielles de la tonique *ut* entrent forcément dans l'échelle de la tonique auxiliaire, l'une comme tonique, l'autre comme corde essentielle.

§ 3.

ASSISE DE LA TONIQUE AUXILIAIRE.

115. — Les deux paragraphes précédents nous ont fait connaître la nécessité d'une tonique auxiliaire, et les conditions auxquelles elle est soumise. Il s'agit maintenant de déterminer et d'établir cette nouvelle tonique conformément aux lois qui précèdent.

Nous remarquerons d'abord que les sons à insérer dans la deuxième quarte *sol-ut* du tétracorde naturel devant être plus graves que cette corde *ut* octave, celle-ci ne peut devenir tonique auxiliaire.

Nous savons aussi que cette corde d'octave est appelée à devenir tonique fondamentale d'une échelle ou d'un système immédiatement supérieur à celui dont elle est la limite aiguë.

Il n'en est pas de même des deux autres cordes 2 et 3 *sol* et *fa* qui sont l'une et l'autre plus graves que les sons à insérer dans la deuxième quarte *sol-ut*.

Ces deux cordes *sol* et *fa* ont en outre des positions telles dans le tétracorde naturel que : 1° la corde *sol*, devenant tonique auxiliaire, aura pour première quarte ou troisième corde essentielle l'*ut* octave de la tonique fondamentale UT ; 2° la corde *fa*, devenant tonique auxiliaire, aura pour première quinte, ou deuxième corde essentielle, ce même *ut* octave.

Ces deux cordes *sol* et *fa* se trouvent ainsi dans les conditions exigées par les 14e et 15e lois. Chacune d'elles peut, par conséquent, devenir tonique auxiliaire. D'où nous aurons la loi suivante :

SEIZIÈME LOI MUSICALE.

La quinte et la quarte d'une tonique fondamentale peuvent seules devenir toniques auxiliaires.

116. — Il est à remarquer :

1° Que la tonique auxiliaire *sol* n'accepte que deux des cordes essentielles d'UT fondamental, savoir : *sol* comme tonique, et *ut* octave comme quarte.

2° Que la tonique auxiliaire *fa* accepte trois des cordes essentielles d'UT, savoir : *fa* pour tonique ; *sol* pour seconde majeure ; et *ut* octave pour quinte. Cette tonique *fa* a donc, par cela seul, plus de liaison et d'affinité avec la tonique fondamentale UT que n'en a la tonique *sol*. Cette remarque, nous le verrons dans la suite, est d'une importance majeure.

§ 4.

SIMILITUDE DES TONIQUES.

117. — Dans le langage de la nature, rendre la quinte et la quarte propres à devenir toniques auxiliaires, c'est bien nous dire que nous devons employer l'une et l'autre comme telles.

Ainsi, au lieu d'une tonique auxiliaire que nous demandions, nous avons le choix et la libre disposition des deux toniques *sol* et *fa*.

Chacune de ces deux cordes *sol* et *fa* considérées comme toniques, aura nécessairement (48) ses sons harmoniques de la 2e loi fondamentale col. *m* (*Fig.* 7), ainsi que ses sons mélodiques col. *n* de la 4e loi fondamentale.

Ces deux toniques auxiliaires sont donc en tout semblables à la tonique fondamentale UT : et dès lors, toutes les lois tant fondamentales que règlementaires, jusqu'ici relatives et appliquées à cette dernière, deviennent applicables dans toute leur extension à chacune des deux toniques auxiliaires.

118. — Ainsi tout ce que nous avons dit dans les chapitres précédents, de relatif à la tonique fondamentale UT, peut et doit se rapporter à chacune des cordes *sol* et *fa* devenues toniques.

Par exemple, le tétracorde naturel que nous avons construit sur la tonique UT, nous pouvons le construire d'une manière identique sur *sol* et sur *fa*. Il en est de même pour le pentacorde, l'hexacorde, l'heptacorde, et les hexacordes spéciaux que nous avons obtenus par l'addition des 4e, 5e, 8e et 15e mélodiques au tétracorde naturel.

Enfin, tout ce qui a été dit sur la constitution et les propriétés des genres majeur, mineur, syntonique et mixte de la tonique UT, doit s'appliquer aux mêmes genres des deux toniques *sol* et *fa*.

C'est pourquoi nous nous bornerons à formuler ci-après les principales échelles de ces deux toniques et à donner des noms aux nouvelles cordes que chacune d'elles y introduit, sans entrer dans aucun détail sur leur constitution et leurs divers attributs. Ces détails, du reste, seraient d'autant plus superflus qu'ils ne sauraient être que la répétition et le mot à mot de tout ce qui précède concernant la tonique UT.

§ 5.

ÉCHELLES DE LA TONIQUE AUXILIAIRE, *Sol*.

119. — Tétracorde naturel de SOL.

GÉNÉRATION.	DÉNOMINATIONS.	INTERVALLES sur la tonique.	INTERVALLES consécutifs.
1	*Sol*	$\frac{1}{2}$ octave	$\frac{3}{4}$ quarte.
2	*Re*	$\frac{2}{3}$ quinte	$\frac{8}{9}$ ton majeur.
3	*Ut*	$\frac{3}{4}$ quarte	$\frac{3}{4}$ quarte.
0	*SOL*	Tonique	

Il résulte de ce tétracorde que la tonique *sol* a pour cordes essentielles la quarte *ut*, la quinte *re* et le *sol* octave.

120. — Genre majeur de SOL.

	GÉNÉRATION.	DÉNOMINATIONS.	INTERVALLES sur la tonique.	INTERVALLES consécutifs.
	1	*Sol*	$\frac{1}{2}$ octave.........	$\frac{3}{4}$ quarte
	2	*Re*	$\frac{2}{3}$ quinte.........	$\frac{8}{9}$ ton mineur.
GENRE MAJ.	3	*Ut*	$\frac{3}{4}$ quarte.........	$\frac{15}{16}$ demi-ton majeur.
	4	*Si*	$\frac{4}{5}$ tierce majeure..	$\frac{9}{10}$ ton mineur.
	8	*La*	$\frac{8}{9}$ seconde maj....	$\frac{8}{9}$ ton majeur.
	0	*SOL*	Tonique.........	

Ce tableau fait voir :

1° Le genre majeur de *sol* est limité dans la quarte *sol-ut ;*

2° Il a pour corde essentielle la tierce majeure *si*, 4e son mélodique ;

3° Il procède du grave à l'aigu comme suit :

Sol ton *la* ton *si* $\frac{1}{2}$ t. *ut*

121. — Genre mineur de SOL.

	GÉNÉRATION.	DÉNOMINATIONS.	INTERVALLES sur la tonique.	INTERVALLES consécutifs.
	1	*Sol*	$\frac{1}{2}$ octave	$\frac{3}{4}$ quarte.
	2	*Re*	$\frac{2}{3}$ quinte	$\frac{8}{9}$ ton majeur.
GENRE MIN.	3	*Ut*	$\frac{3}{4}$ quarte	$\frac{9}{10}$ ton mineur.
	5	*Mie*	$\frac{5}{6}$ tierce mineure .	$\frac{15}{16}$ demi-ton majeur.
	8	*La*	$\frac{8}{9}$ secondemajeure.	$\frac{8}{9}$ ton majeur.
	0	*SOL*	Tonique	

Il résulte de ce tableau :

1° Le genre mineur de *sol* est limité dans la quarte *sol-ut ;*

2° Il a pour corde essentielle la tierce mineure *nie*, 5ᵉ son mélodique ;

3° Il procède du grave à l'aigu par :

Sol ton *la* ½ t. *nie* ton *ut*

122. — Genre syntonique de SOL.

GÉNÉRATION.	DÉNOMINATIONS.	INTERVALLES sur la tonique.	INTERVALLES consécutifs.
1	*Sol*	$\frac{1}{2}$ octave..........	
			$\frac{3}{4}$ quarte.
2	*Ré*	$\frac{2}{3}$ quinte..........	
			$\frac{8}{9}$ ton majeur.
3	*Ut*	$\frac{3}{4}$ quarte..........	
			$\frac{9}{10}$ ton mineur.
GENRE SYNT. 5	*Nie*	$\frac{5}{6}$ tierce mineure..	
			$\frac{8}{9}$ ton majeur.
15	*Pho*	$\frac{15}{16}$ seconde min...	
			$\frac{15}{16}$ demi-ton maj.
0	*Sol*	Tonique..........	

Ce tableau fait voir :

1° Le genre syntonique de *sol* est limité dans la quarte *sol-ut ;*

2° Il a pour corde essentielle la seconde mineure *pho*, 5ᵉ son mélodique ;

3° Il procède du grave à l'aigu par un demi-ton, puis deux tons :

Sol ½ t. *pho* ton *nie* ton *ut*

123. — Genre mixte de SOL.

Le genre mixte de *sol* porte le genre majeur en montant, et le genre mineur en descendant, comme suit :

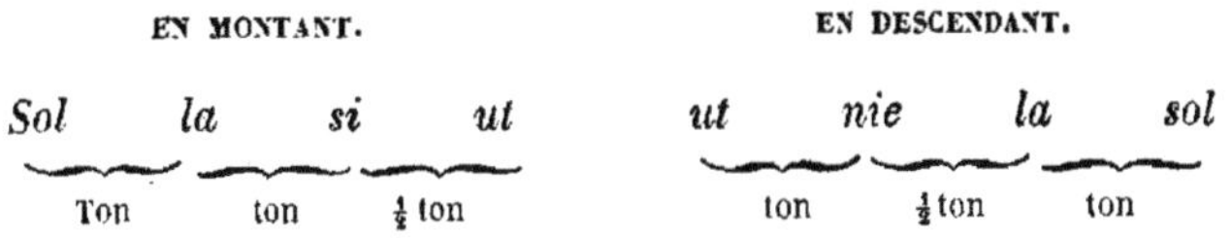

Il a, par conséquent, pour cordes essentielles la tierce majeure *si* en montant, et la tierce mineure *nie* en descendant.

§ 6.

ÉCHELLES DE LA TONIQUE AUXILIAIRE, *Fa*.

124. — Tétracorde naturel de FA.

GÉNÉRATION.	DÉNOMINATIONS.	INTERVALLES sur la tonique.	INTERVALLES consécutifs.
1	*Fa*	$\frac{1}{2}$ octave..........	$\frac{3}{4}$ quarte.
2	*Ut*	$\frac{2}{3}$ quinte..........	$\frac{8}{9}$ ton majeur.
3	*Nie*	$\frac{3}{4}$ quarte..........	$\frac{3}{4}$ quarte.
0	*FA*	Tonique..........	

Ce tétracorde fait voir que la tonique *fa* a pour cordes essentielles la quarte *nie*, la quinte *ut*, et l'octave *fa*.

125. — Genre majeur de FA.

	GÉNÉRATION.	DÉNOMINATIONS syllabiques.	INTERVALLES sur la tonique.	INTERVALLES consécutifs.
	1	*Fa*	$\frac{1}{2}$ octave......	$\frac{3}{4}$ quarte.
	2	*Ut*	$\frac{2}{3}$ quinte......	$\frac{8}{9}$ ton majeur.
GENRE MAJ.	3	*Nie*	$\frac{3}{4}$ quarte.......	$\frac{15}{16}$ demi-ton maj.
GENRE MAJ.	4	*La*	$\frac{4}{5}$ tierce majeure..	$\frac{9}{10}$ ton min.
GENRE MAJ.	8	*Sol*	$\frac{8}{9}$ secondemajeure.	$\frac{8}{9}$ ton majeur.
GENRE MAJ.	0	*FA*	Tonique......	

Il résulte de ce tableau :

1° Le genre majeur de *fa* est limité dans la quarte *fa-nie ;*

2° Il a pour corde essentielle la tierce majeure *la*, 4e corde mélodique ;

3° Il procède du grave à l'aigu par deux tons et un demi-ton, *sol, la, nie, ut.*

126. — Genre mineur de FA.

GÉNÉRATION.	DÉNOMINATIONS.	INTERVALLES sur la tonique.	INTERVALLES consécutifs.
1	*Fa*	$\frac{1}{2}$ octave	$\frac{3}{4}$ quarte.
2	*Ut*	$\frac{2}{3}$ quinte	$\frac{8}{9}$ ton majeur.
GENRE MIN. 3	*Nie*	$\frac{3}{4}$ quarte	$\frac{9}{10}$ ton mineur.
5	*Pho*	$\frac{5}{6}$ tierce mineure .	$\frac{15}{16}$ demi-ton maj.
8	*Sol*	$\frac{8}{9}$ seconde majeure.	$\frac{8}{9}$ ton majeur.
0	*FA*	Tonique	

L'on voit ainsi :

1° Le genre mineur de *fa* est limité dans la quarte *fa, nie;*

2° Il a pour corde essentielle la tierce mineure *pho*, 5ᵉ corde mélodique :

3° Il procède du grave à l'aigu par un ton, un demi-ton, puis un ton *fa, sol, pho, nie.*

127. — Genre syntonique de FA.

GÉNÉRATION.	DÉNOMINATIONS. syllabiques.	INTERVALLES sur la tonique.	INTERVALLES consécutifs.
1	*Fa*	$\frac{1}{2}$ octave..........	$\frac{3}{4}$ quarte.
2	*Ut*	$\frac{2}{3}$ quinte..........	$\frac{8}{9}$ ton majeur.
GENRE SYNT. 3	*Nie*	$\frac{3}{4}$ quarte..........	$\frac{9}{10}$ ton mineur.
5	*Pho*	$\frac{5}{6}$ tierce mineure..	$\frac{8}{9}$ ton majeur.
15	*Sym*	$\frac{15}{16}$ seconde min ...	$\frac{15}{16}$ demi-ton maj
0	*FA*	Tonique..........	

Ce tableau fait voir :

1° Le genre syntonique de *fa* est limité dans la quarte *fa-nie ;*

2° Il a pour corde essentielle la seconde mineure *sym.*, 15e corde mélodique ;

3° Il procède du grave à l'aigu par un demi-ton, puis deux tons comme *fa*, *sym*, *pho*, *nie*.

128. — Genre mixte de FA.

Le genre mixte de la tonique *Fa* a pour échelle :

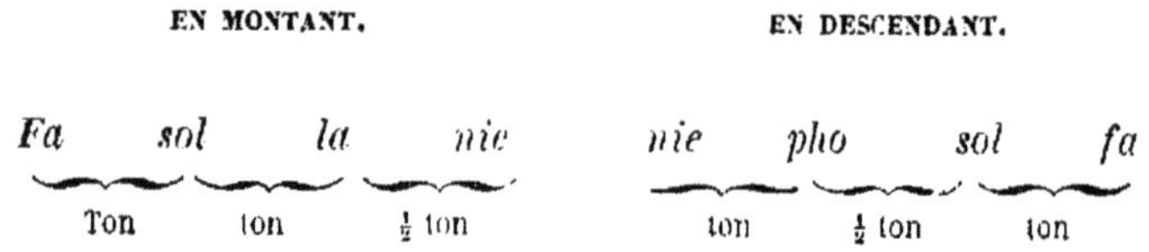

Il a donc pour cordes essentielles la tierce majeure *la*, en montant, et la tierce mineure *pho*, en descendant.

RÉSUMÉ DES DIVERS SYSTÈMES

129. — Nous avons vu aux chap. 4 et 5 que les divers systèmes de la tonique *ut* se sont formés par l'addition successive des 4e, 5e, 8e et 15e sons mélodiques au tétracorde naturel 0, 1, 2 et 3. Ces divers systèmes particuliers, résumés en un seul tableau, donnent pour chaque tonique, un octacorde ou système général composé comme suit :

SYSTÈME GÉNÉRAL OU TABLEAU SYNOPTIQUE

De tous les sons musicaux engendrés par la tonique fondamentale UT.

GÉNÉRATION.	DÉNOMINATIONS.	INTERVALLES sur la tonique.	INTERVALLES consécutifs.
1	*Ut*	$\frac{1}{2}$ octave..........	$\frac{3}{4}$ quarte
2	*Sol*	$\frac{2}{3}$ quinte..........	$\frac{8}{9}$ ton majeur
3	*Fa*	$\frac{3}{4}$ quarte..........	$\frac{15}{16}$ demi-ton maj.
4	*Mi*	$\frac{4}{5}$ tierce majeure..	$\frac{24}{25}$ demi-ton min.
5	*Lo*	$\frac{5}{6}$ tierce mineure..	$\frac{15}{16}$ demi-ton maj.
8	*Re*	$\frac{8}{9}$ seconde maj....	$\frac{128}{135}$ demi-ton moyen.
15	*Mé*	$\frac{15}{16}$ seconde min....	$\frac{15}{16}$ demi-ton maj.
0	*UT*	Tonique..........	

130. — En comparant ce tableau avec ceux de la formation des trois genres, majeur, mineur et syntonique d'*ut*, (89 et 94), on est amené à reconnaître que, dans les huit cordes d'un système général, il y a quatre cordes invariables et quatre mobiles.

Les quatre cordes invariables, la tonique UT, la quarte *fa*, la quinte *sol*, et l'*ut* octave, composent le tétracorde naturel (78). Ce sont les toniques principales de la musique, savoir : le premier *ut*, ou l'extrême au grave, comme tonique fondamentale de tout le système; l'*ut* octave, ou l'extrême à l'aigu, comme tonique fondamentale d'un système immédiatement supérieur; et les deux cordes moyennes *fa* et *sol* comme toniques auxiliaires de l'*ut* fondamental.

Les quatre cordes mobiles du système général d'*ut* sont la seconde mineure *mé*, la seconde majeure *re*, la tierce mineure *lo*, et la tierce majeure *mi*. Elles se groupent deux à deux, pour former, avec la tonique UT et la quarte *fa* qui les renferment, les trois combinaisons désignées sous le nom de *genre majeur*, *genre mineur*, et *genre syntonique*.

131. — Les systèmes ne sont donc pas, à proprement parler, des échelles mélo-symphoniques, mais des tableaux synoptiques, réunissant, sous un même coup d'œil, les sons musicaux engendrés par une

tonique, et propres à former, par leurs combinaisons, les diverses échelles pratiques.

Les systèmes particuliers des deux toniques auxiliaires *fa* et *sol* ne différant de ceux de la tonique fondamentale *ut* que par les dénominations syllabiques, il nous suffira de donner ici le système général de chacune d'elles.

132. — SYSTÈME GÉNÉRAL
De tous les sons engendrés par la tonique auxiliaire FA.

GÉNÉRATION.	DÉNOMINATIONS	INTERVALLES sur la tonique.	INTERVALLES consécutifs.
1	*Fa*	$\frac{1}{2}$ octave..........	
2	*Ut*	$\frac{2}{3}$ quinte..........	$\frac{3}{4}$ quarte.
3	*Nie*	$\frac{3}{4}$ quarte..........	$\frac{8}{9}$ ton majeur.
4	*La*	$\frac{4}{5}$ tierce majeure..	$\frac{15}{16}$ demi-ton maj.
5	*Pho*	$\frac{5}{6}$ tierce mineure..	$\frac{24}{25}$ demi-ton min.
8	*Sol*	$\frac{8}{9}$ seconde maj....	$\frac{15}{16}$ demi-ton maj
15	*Sym*	$\frac{15}{16}$ seconde min...	$\frac{128}{135}$ demi-ton moyen.
0	*FA*	Tonique..........	$\frac{15}{16}$ demi-ton maj.

Les quatre cordes invariables du système général de *fa* sont la tonique *fa*, la quarte *nie*, la quinte *ut* et l'octave *fa*.

Les quatre cordes mobiles de *fa* sont la seconde mineure *sym*, la seconde majeure *sol*, la tierce mineure *pho* et la tierce majeure *la*.

133. — SYSTÈME GÉNÉRAL
De tous les sons engendrés par la tonique auxiliaire SOL.

GÉNÉRATION.	DÉNOMINATIONS.	INTERVALLES sur la tonique.	INTERVALLES conséculifs.
1	*Sol*	$\frac{1}{2}$ octave..........	
2	*Re*	$\frac{2}{3}$ quinte..........	$\frac{3}{4}$ quarte.
3	*Ut*	$\frac{3}{4}$ quarte..........	$\frac{8}{9}$ ton majeur.
4	*Si*	$\frac{4}{5}$ tierce majeure..	$\frac{15}{16}$ demi-ton maj.
5	*Nie*	$\frac{5}{6}$ tierce mineure..	$\frac{24}{25}$ demi-ton min.
8	*La*	$\frac{8}{9}$ seconde maj....	$\frac{15}{16}$ demi-ton maj.
15	*Pho*	$\frac{15}{16}$ seconde min...	$\frac{128}{135}$ demi-ton moyen.
0	*Sol*	Tonique..........	$\frac{15}{16}$ demi-ton maj.

Les quatre cordes invariables du système général de *sol* sont la tonique *sol*, la quarte *ut*, la quinte *re* et l'octave *sol*.

Les quatre cordes mobiles du *sol* sont la seconde mineure *pho*, la seconde majeure *la*, la tierce mineure *nie*, et la tierce majeure *si*.

Ces deux systèmes de *fa* et de *sol*, en s'établissant sur la quarte et sur la quinte du système de l'UT fondamental, complètent dans l'octave de celui-ci un diagramme [1] de treize sons, qui donnent entre eux une suite consécutive de demi-tons, comme on le voit dans le tableau suivant.

[1] Les Grecs donnaient le nom de *diagramme* à la somme de tous les systèmes particuliers, et par conséquent de tous les sons employés dans la musique.

134.

DIAGRAMME OU TABLEAU SYNOPTIQUE

DE TOUS LES SONS MUSICAUX

Engendrés dans l'échelle mélo-symphonique par les toniques UT, FA, SOL, UT.

PREMIÈRE OCTAVE OU ÉCHELLE GRAVE. — ÉCHELLE REDOUBLÉE OU DEUXIÈME OCTAVE.

		1	2	3	4	5	6	7	8	9	10	11	12	13	14	15	16	17	18	19	20	21	22	23	24	25
A. Octav. de	SOL								0	15	8	5	4	3		2					1	15	8	5	4	3
	FA						0	15	8	5	4	3		2					1	15	8	5	4	3		2
	UT	0	15	8	5	4	3		2					1	15	8	5	4	3		2					1
			½ t.	½ t.	½ t.	½ t.	½ t.	½ t.	½ t.	½ t.	½ t.	½ t.	½ t.	½ t.	½ t.	½ t.	½ t.	½ t.	½ t.	½ t.	½ t.	½ t.	½ t.	½ t.	½ t.	½ t.
B. Dénom. syll.		UT	mé	re	lo	mi	*Fa*	sym	*Sol*	pho	la	nie	si	UT	mé	re	lo	mi	*Fa*	sym	*Sol*	pho	la	nie	si	UT
C. Bass. gén.	SOL								sol	sol	sol	sol	sol	sol		sol					sol	sol	sol	sol	sol	sol
	FA						fa	fa	fa	fa	fa	fa		fa					fa	fa	fa	fa	fa	fa		fa
	UT	ut	ut	ut	ut	ut	ut		ut					ut	ut	ut	ut	ut	ut		ut					ut

135. — Nous savons que la note d'octave devient la tonique d'une échelle immédiatement supérieure (66). On peut donc obtenir dans la limite des sons appréciables, du plus grave au plus aigu, une suite consécutive d'échelles semblables se répétant à l'octave.

C'est ainsi que dans le tableau ci-dessus, considérant l'*ut* octave n° 1 comme tonique fondamentale, nous avons deux diagrammes semblables, mais dont les cordes du second ou de la réplique sont à l'octave aiguë des cordes homonymes du premier.

136. — L'analyse du tableau précédent conduit à remarquer que les cordes engendrées par les trois toniques *ut*, *fa* et *sol*, donnent pour échelle une suite de demi-tons inégaux, tant majeurs, mineurs que moyens, et que les tons s'y distinguent aussi en majeurs et mineurs.

Ces tons et ces demi-tons, majeurs et mineurs, font surgir dans la musique des difficultés de plus d'un genre.

L'aplanissement de ces difficultés, qui semblent tout d'abord ne devoir se présenter qu'au praticien, exige des recherches tellement minutieuses et approfondies, que nous ne saurions, sans interrompre le cours de nos études, nous y livrer en ce moment. Ces difficultés forment dans la théorie musicale une théorie à part. Elles sont l'objet d'un problème posé depuis les temps anciens, connu sous le nom de *Tempérament*, et dont la solution, restée jusqu'ici à l'état à peu près négatif, serait de la plus grande importance.

Nous ferons donc plus tard de la question du *Tempérament* l'objet d'une étude spéciale. Jusque-là, nous négligerons dès à présent toute distinction des tons et des demi-tons en majeurs et en mineurs, pour les désigner simplement par ton ou seconde majeure, et par demi-ton ou seconde mineure.

CHAPITRE SEPTIÈME

NOMES.

§ 1er.

ORIGINE ET DÉFINITION DU NOME

137 — Nous avons vu dans les 4e, 5e et 6e chapitres précédents :

1° L'une des propriétés du tétracorde naturel d'*ut* est de diviser l'octave en deux quartes *ut-fa* et *sol-ut*, séparées par un ton *fa-sol* qui en occupe le milieu ;

2° La tonique fondamentale UT, tout en produisant ses genres majeur, mineur, syntonique et mixte, par l'insertion combinée de ses 4e, 5e, 8e et 15e mélodiques dans la première quarte *ut-fa* ne peut, en rien, modifier la deuxième quarte *sol-ut* ;

3° D'après la 13e loi on ne peut insérer de sons dans cette deuxième quarte sans recourir à une nouvelle tonique : Aussi nos recherches dans le chapitre 6e avaient-elles pour but de trouver cette tonique auxiliaire ;

4° La 16e loi, d'accord avec la 14e et la 15e, nous a donné le choix et la libre disposition des deux toniques auxiliaires *sol* et *fa*, au lieu d'une seule que nous cherchions ;

5° Enfin, l'on a vu que chacune des deux toniques auxiliaires *sol* et *fa* produit, comme la tonique fondamentale, ses genres majeur, mineur, syntonique et mixte.

138. — Tout genre étant renfermé dans une quarte, il est clair : 1° que deux genres consécutifs soit d'UT et de *sol*, soit d'UT et de *Fa*, seront aussi contenus dans l'octave d'UT ; 2° qu'en adjoignant à l'un des genres de la tonique fondamentale UT l'un des genres de *sol* ou de *fa*, les deux quartes incomposées du tétracorde naturel se trouveront composées chacune par une échelle de quatre sons formant un tout complet.

C'est à la réunion dans la même octave de deux genres dont le plus grave appartient toujours à la tonique fondamentale UT, et le plus aigu à l'une des deux toniques auxiliaires *sol* ou *fa* que nous avons donné le nom de NOME (du grec *nomos*, loi) parce qu'en effet l'addition d'une tonique auxiliaire et de ses divers genres, à ceux de la tonique fondamentale, n'est que la conséquence et le résumé des lois qui précèdent.

§ 2.

ÉLÉMENTS DU NOME. — GENRES CONJOINTS ET GENRES DISJOINTS.

139. — Tout genre est composé de quatre cordes qui sont une tonique, une seconde, une tierce et une quarte. Il est donc clair que le nome, étant formé par la réunion de deux genres, contient aussi deux toniques, deux secondes, deux tierces et deux quartes.

Ceci devient de la dernière évidence par les deux exemples suivants résumant, l'un, les genres majeurs des deux toniques UT et *sol* : et l'autre, les genres majeurs des deux toniques UT et *fa*.

Premier Exemple.

Genre majeur d'UT.				Genre majeur de SOL.			
UT	*re*	*mi*	*fa*	SOL	*la*	*si*	UT
tonique	seconde	tierce	quarte	quinte			octave
				tonique	seconde	tierce	quarte

Deuxième Exemple.

Genre majeur d'UT.				Genre majeur de FA.			
UT	*re*	*mi*	FA	*sol*	*la*	*nie*	UT
tonique	seconde	tierce	quarte	quinte			octave
			tonique	seconde	tierce	quarte	quinte

Dans le premier exemple, la tonique *sol*, première note du genre aigu est séparée ou disjointe du *fa*, dernière note du genre grave, par un ton *fa-sol*. Dans le deuxième exemple, les deux genres sont conjoints, en ce que la dernière note *fa* du genre d'UT est aussi la tonique ou première note du genre aigu.

On voit encore, dans le premier exemple, que la dernière note du genre de *sol*, est l'*ut* octave : dans le deuxième exemple, la dernière note *nie* du genre de *fa* est séparée du même *ut* octave par un ton *nie-ut*.

Il résulte de là :

1° Que les deux genres d'un nome sont disjoints, si la tonique auxiliaire est *sol* ; et conjoints, si la tonique auxiliaire est *fa*.

2° Si le deuxième genre ou genre aigu est conjoint au premier, il est disjoint à l'octave, et réciproquement s'il est disjoint du premier, il est conjoint à l'octave.

Enfin l'on voit par les deux exemples ci-dessus que les quatre toniques *ut*, *fa*, *sol*, *ut*, sont tellement combinées que chacune des toniques auxiliaires *sol* et *fa* laisse dans le nome une quinte d'un côté et une quarte de l'autre. C'est ainsi que la tonique *sol*, distante de la tonique fondamentale UT d'un intervalle de quinte, et de l'*ut* octave d'un intervalle de quarte, met la quinte au grave du nome et la quarte à l'aigu. La tonique *fa*, au contraire, est séparée de l'UT fondamental par une quarte UT-*fa*, et de l'*ut* octave par une quinte *fa-ut*. D'où il suit que dans les nomes à genres conjoints, la quarte est au grave et la quinte à l'aigu; tandis que la quinte est au grave et la quarte à l'aigu dans les nomes à genres disjoints.

§ 3.

ORDRE ET CLASSEMENT DES NOMES.

140. — Nous venons de passer en revue les éléments du nome. Il s'agit maintenant de voir quelle marche la nature nous tracera pour connaître le nombre de ces nomes et les différentes combinaisons que peuvent y former les quatre genres, majeur, mineur, syntonique et mixte des trois toniques UT, *sol* et *fa*.

D'abord, si nous examinons la supériorité et la valeur mélodiques des éléments du nome, nous reconnaîtrons que d'après l'ordre de génération et la 9e loi musicale :

1° La tonique fondamentale UT, comme base de tout le système, passe avant tout autre son, tonique, auxiliaire ou autre ;

2° La tonique auxiliaire *sol* est supérieure à la tonique auxiliaire *fa* ;

3° Le genre majeur, par sa corde essentielle qui est la 4e mélodique, est supérieur au genre mineur qui a pour corde essentielle la 5e.

4° Le genre mineur, dû à la 5e corde mélodique, est encore supérieur au genre syntonique formé par la 15e ;

5° Enfin le genre syntonique, comme genre principal, est encore supérieur au genre mixte, qui est irrégulier et tout à fait secondaire.

On voit qu'en partant de cette base, la seule naturelle, la formation et le classement des nomes nous sont dictés par l'ordre de génération de leurs principaux éléments.

141. — Il est facile de prévoir que les trois genres principaux et le genre mixte et irrégulier peuvent présenter dans les nomes trois sortes de combinaisons principales dont nous devons tenir compte.

La première, provenant de la réunion de deux genres principaux de même espèce, est d'une régularité parfaite, et, pour cette raison, nous l'appellerons *nomes réguliers de la 1re classe*

La seconde, encore composée de deux genres principaux, mais d'espèces différentes, formera *les nomes réguliers de la 2e classe.*

Enfin une troisième combinaison provenant de la présence du genre mixte formera la 3e classe sous le nom de *nomes irréguliers.*

§ 4.

NOMES RÉGULIERS DE LA 1re CLASSE ; — LEUR FORMATION.

142. — Les seules combinaisons possibles par deux genres principaux de même espèce se réduisent aux six nomes suivants, savoir :

1er nome UT majeur et SOL majeur.
2e — UT majeur et FA majeur.
3e — UT mineur et SOL mineur.
4e — UT mineur et FA mineur.
5e — UT syntonique et SOL syntonique.
6e — UT syntonique et FA syntonique.

Formation des nomes réguliers de la 1re classe.

PREMIER NOME OU NOME TYPE.

Ce nome se forme par la réunion, dans l'octave de la tonique fondamentale UT, du genre majeur de cette tonique et du genre majeur de la tonique auxiliaire *sol*, comme suit :

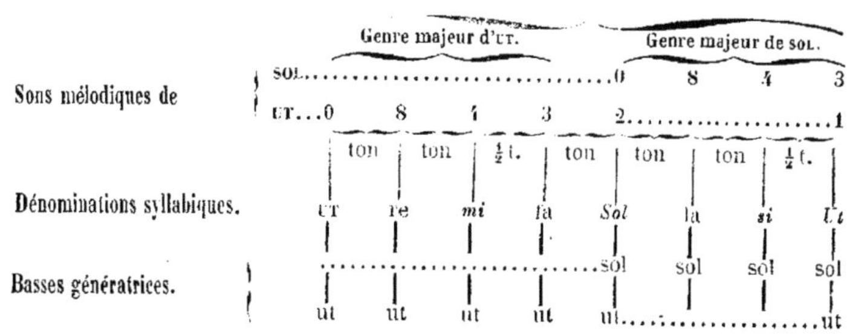

DEUXIÈME NOME.

Ce nome se forme du genre majeur de la tonique fondamentale UT et du genre majeur de la tonique auxiliaire *Fa*, comme suit :

	Genre majeur d'UT.				Genre majeur de FA.			
Sons mélodiques de FA				0	8	4	3	2
Sons mélodiques de UT	0	8	4	3	2			1
	ton	ton	½ t.	ton	ton	½ t.	ton	
Dénominations syllabiques	UT	re	*mi*	*Fa*	sol	*la*	nie	*Ut*
Basses génératrices (fa)				fa	fa	fa	fa	fa
Basses génératrices (ut)	ut	ut	ut	ut	ut			ut

TROISIÈME NOME.

Ce nome est formé du genre mineur d'UT, et du genre mineur de la tonique auxiliaire *sol* comme suit :

	Genre mineur d'UT.				Genre mineur de SOL.			
Sons mélodiques de SOL				0	8	5	3	
Sons mélodiques de UT	0	8	5	3	2			1
	ton	½ t.	ton	ton	ton	½ t.	ton	
Dénominations syllabiques	UT	re	*lo*	fa	*Sol*	la	*nie*	*Ut*
Basses génératrices (sol)					sol	sol	sol	sol
Basses génératrices (ut)	ut	ut	ut	ut	ut			ut

QUATRIÈME NOME.

Le quatrième nome se forme du genre mineur d'UT et du genre mineur de la tonique auxiliaire *Fa*, comme suit :

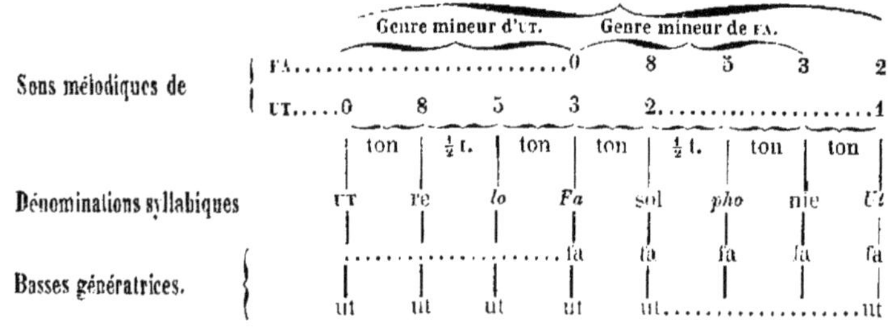

CINQUIÈME NOME.

Ce nome se compose du genre syntonique de la tonique fondamentale et du genre syntonique de la tonique auxiliaire *sol*, comme suit :

	Genre syntonique d'UT.				Genre syntonique de SOL.			
Sons mélodiques de SOL					0	15	5	3
Sons mélodiques de UT	0	15	5	3	2			1
	½ t.	ton	ton	ton	½ t.	ton	ton	
Dénominations syllabiques	UT	*mé*	lo	fa	*Sol*	*pho*	nie	*Ut*
Basses génératrices.					sol	sol	sol	sol
	ut	ut	ut	ut	ut			ut

SIXIÈME NOME.

Le 6e nome se compose du genre syntonique de la tonique fondamentale UT, et du genre syntonique de la tonique auxiliaire *Fa*, comme suit :

	Genre syntonique d'UT.			Genre syntonique de FA.				
Sons mélodiques de FA				0	15	5	3	2
Sons mélodiques de UT	0	15	5	3				1
	½ t.	ton	ton	½ t.	ton	ton	ton	
Dénominations syllabiques	UT	*mé*	lo	*Fa*	*sym*	pho	nie	*Ut*
Basses génératrices.				fa	fa	fa	fa	fa
	ut	ut	ut	ut				ut

143. — Si l'on compare entre eux les tableaux des six premiers nomes réguliers, ainsi rangés suivant l'ordre de génération, on reconnaît qu'un nome ne diffère du précédent que par la modification ou la transformation d'une seule corde qui, une fois modifiée, se conserve telle dans les nomes suivants : en sorte que la progression de ces différences, réduite à l'unité, a lieu par la mutation successive des cordes *si*, *mi*, *la*, *re*, *sol* en *nie*, *lo*, *pho*, *mé*, *sym*, comme suit :

Le 1er nome porte la note *si* que le 2e nome change en *nie* ;
Le 2e — porte — *mi* que le 3e — change en *lo* ;
Le 3e — porte — *la* que le 4e — change en *pho* ;
Le 4e — porte — *re* que le 5e — change en *mé* ;
Le 5e — porte — *sol* que le 6e — change en *sym* ;

L'ordre de cette différence d'un nome à celui qui le suit immédiatement, se trouve donc à partir du *fa* du 1er nome ou nome type, en montant par quarte, et en descendant alternativement par quinte de la manière suivante :

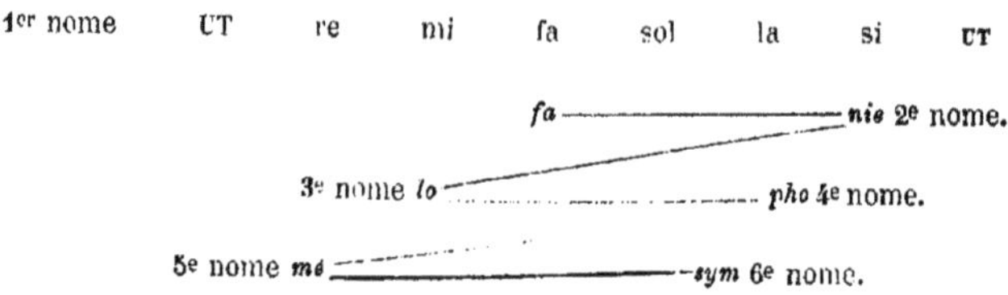

§ 3

NOMES RÉGULIERS DE LA 2e CLASSE.

144. — D'après la définition des nomes réguliers de la 2e classe, il semblerait au premier abord qu'il dût y en avoir douze, nombre égal à celui de toutes les combinaisons possibles par deux quelconques des genres principaux, d'espèces différentes. Nous allons cependant voir que la nature, par ses exemples, ne nous autorise à en admettre qu'un bien petit nombre.

En effet, si nous comparons entre eux les deux genres constituants de chacun des six nomes réguliers de la 1re classe, nous reconnaîtrons que de deux choses l'une :

1° Ou les deux genres d'un nome, comparés à ceux du nome type, portent le même nombre de notes transformées, comme dans les 3e et 5e nomes ;

2° Ou le genre auxiliaire en porte une de plus que le genre grave ou fondamental, comme dans les 2e, 4e et 6e nomes.

Or, dans la formation, comme dans le classement des six premiers nomes, notre volonté n'a été pour rien (140). Nous nous sommes contenté de suivre comme toujours l'ordre naturel de génération. Les combinaisons et les conséquences qui en résultent sont donc l'œuvre de la nature. C'est elle-même qui impose l'une et l'autre des conditions ci-dessus aux genres constituants des nomes. Nous aurons donc :

DIX-SEPTIÈME LOI MUSICALE.

Les deux genres d'un nome, comparés à ceux du nome-type, doivent être tels : 1° ou qu'ils portent le même nombre de notes transformées; 2° ou que le genre auxiliaire en porte une de plus que le genre fondamental.

Cette loi réduit les diverses combinaisons de deux genres principaux d'espèces différentes aux quatre nomes suivants que nous classerons aussi dans l'ordre de génération de leurs principaux éléments comme suit :

7e nome, UT majeur et SOL mineur.
8e — UT mineur et FA majeur.
9e — UT mineur et SOL syntonique.
10e — UT syntonique et FA mineur.

Formation des Nomes réguliers de la 2e classe.

SEPTIEME NOME.

Le septième nome se forme par la réunion, dans la même octave, du genre majeur d'*ut* et du genre mineur du *sol*, comme suit :

		Genre majeur d'UT.				Genre mineur de SOL.			
Sons mélodiques de	SOL	....				0	8	5	3
	UT	0	8	4	3	2	....		1
			ton	ton	½ t.	ton	ton	½ t.	ton
Dénominations syllabiques		UT	re	*mi*	fa	*Sol*	la	*mie*	*Ut*
Basses génératrices.		....				sol	sol	sol	sol
		ut	ut	ut	ut	ut	....		ut

HUITIEME NOME.

Ce nome est formé du genre mineur d'UT, et du genre majeur de FA, comme suit :

		Genre mineur d'UT.				Genre majeur de FA.			
Sons mélodiques de	FA	....			0	8	4	3	2
	UT	0	8	5	3	2	....		1
			ton	½ t.	ton	ton	ton	½ t.	ton
Dénominations syllabiques		UT	re	*lo*	*Fa*	sol	*la*	mie	*Ut*
Basses génératrices.		....			fa	fa	fa	fa	fa
		ut	ut	ut	ut	ut	....		ut

NEUVIÈME NOME.

Le neuvième nome est formé par le genre mineur d'UT et le genre syntonique de SOL.

	Genre mineur d'UT.				Genre syntonique de SOL.			
Sons mélodiques de SOL					0	15	5	3
Sons mélodiques de UT	0	8	5	3	2	...	...	1
		ton	½ t.	ton	ton	½ t.	ton	ton
Dénominations syllabiques.	UT	re	*lo*	fa	***Sol***	***pho***	nie	***Ut***
Basses génératrices.		...	...	...	....sol	sol	sol	sol
	ut	ut	ut	ut	ut	...	...	....ut

DIXIÈME NOME.

Ce nome est formé par la réunion dans la même octave du genre syntonique d'UT et du genre mineur de FA, comme suit :

	Genre syntonique d'UT.				Genre mineur de FA.			
Sons mélodiques de FA				0	8	5	3	2
Sons mélodiques de UT	0	15	5	3	2	...	...	1
		½ t.	ton	ton	ton	½ t.	ton	ton
Dénominations syllabiques	UT	*mé*	lo	*Fa*	sol	*pho*	nie	*Ut*
Basses génératrices.		...	...	....fa	fa	fa	fa	fa
	ut	ut	ut	ut	ut	...	...	....ut

Les notes transformées de ces quatre nomes de la 2e classe se trouvent comme celles de la 1re classe à partir du *fa*, en montant par quarte, et en descendant alternativement par qninte de la manière suivante :

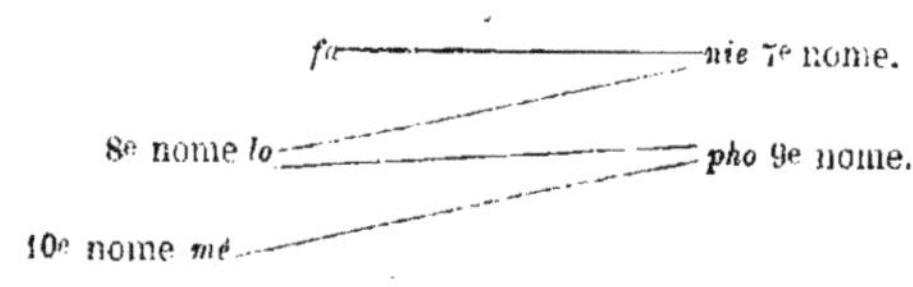

§ 6.

NOMES IRRÉGULIERS.

145. — Nous avons déjà signalé (141) sous le nom d'irréguliers une 3e classe de nomes, résultant de la présence du genre mixte. Mais comme la combinaison mixte n'est pas un genre principal, résultant

d'une loi, mais seulement une mixtion des deux genres principaux, majeur et mineur, il ne saurait à lui seul constituer-les deux genres d'un nome ; il ne doit même pouvoir faire partie d'un nome que concurremment avec l'un des genres principaux, et tout en se conformant d'ailleurs à la 17e loi musicale.

Les nomes irréguliers se bornent dès lors aux quatre suivants, que nous classerons aussi dans l'ordre de génération de leurs éléments.

11e nome, UT majeur et *Sol* mixte.
12e — UT mixte et *Fa* majeur.
13e — UT mixte et *Sol* mineur.
14e — UT mineur et *Fa* mixte.

Formation des Nomes irréguliers :

ONZIEME NOME.

Ce nome est formé, en montant, par UT majeur et *sol* majeur ; et en descendant, par *sol* mineur et UT majeur, comme suit :

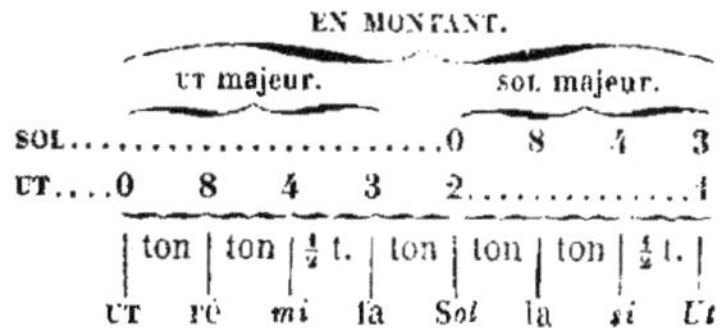

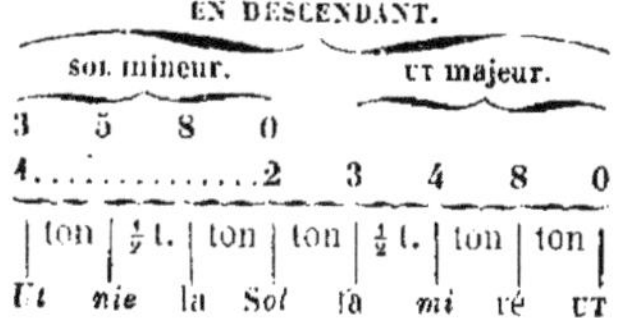

DOUZIEME NOME.

Ce nome est formé par UT majeur et *fa* majeur en montant, et par *fa* majeur et UT mineur en descendant, comme suit :

EN MONTANT.
UT majeur. FA majeur.
SOL..................0 8 4 3 2
UT....0 8 4 3 2..............1
ton ton ½ t. ton ton ½ t. ton
UT ré mi Fa sol la mie Ut

EN DESCENDANT.
FA majeur. UT mineur.
2 3 4 8 0
1............2 3 5 8 0
ton ½ t. ton ton ton ½ t. ton
Ut mie la sol Fa lo ré UT

TREIZIEME NOME.

Ce nome est formé par UT majeur et SOL mineur en montant ; et par SOL mineur et UT mineur en descendant, comme suit :

EN MONTANT : UT majeur. — SOL mineur.

SOL					0	8	5	3
UT	0	8	4	3	2			1
	UT	re	*mi*	fa	*Sol*	la	*nie*	*Ut*

ton	ton	½ t.	ton	ton	½ t.	ton

EN DESCENDANT : SOL mineur. — UT mineur.

3	5	8	0				
1			2	3	5	8	0
Ut	*nie*	la	*Sol*	fa	*lo*	re	UT

ton	½ t.	ton	ton	ton	½ t.	ton

QUATORZIEME NOME.

Le quatorzième nome est formé par UT mineur et FA majeur en montant, et par FA mineur et UT mineur en descendant.

EN MONTANT : UT mineur. — FA majeur.

FA				0	8	4	3	2
UT	0	8	5	3	2			1
	UT	re	*lo*	*Fa*	sol	*la*	nie	*Ut*

ton	½ t.	ton	ton	ton	½ t.	ton

EN DESCENDANT : FA mineur. — UT mineur.

2	3	5	8	0			
1			2	3	5	8	0
Ut	nie	*pho*	sol	*Fa*	*lo*	re	UT

ton	ton	½ t.	ton	ton	½ t.	ton

§ 7.

SIMILITUDE APPARENTE DES NOMES.

Nomes pairs et Nomes impairs :

146. — En comparant les nomes de la 1re classe avec ceux de la 2e, on remarque que les 2e et 7e nomes, les 3e et 8e, 4e et 9e, 5e et 10e, 12e et 13e portent les mêmes notes et les mêmes intervalles.

Ainsi pour ne citer qu'un exemple, si l'on compare le 2e et le 7e nomes, on pourrait au premier abord croire ces deux nomes absolument semblables et identiques, et l'on pourrait peut-être les confondre et les réunir sous le même numéro d'ordre. Mais que l'on s'en garde bien : pour peu que l'on soit observateur, cette confusion devient impossible.

En effet, le deuxième nome est à genres conjoints, et a pour toniques et genres UT majeur et *fa* majeur, tandis que le 7e nome est à genres disjoints et porte pour toniques et genres UT majeur et *sol* mineur ; en sorte que la tonique auxiliaire du 2e est la quarte du 7e, et la tonique auxiliaire de celui-ci est la seconde de celui-là, comme on peut s'en assurer par l'exemple suivant :

DEUXIÈME NOME.	Toniq.	Sec.	Tierc.	Toniq.	Sec.	Tierc.	Quart.	Quint.
NOTATION DES DEUX NOMES.	UT,	*re*,	*mi*,	*fa*,	*sol*,	*la*,	*nie*,	*ut*.
SEPTIÈME NOME.	Toniq.	Sec.	Tierc.	Quar.	Toniq.	Sec.	Tierc.	Quart

Il est donc évident (9e loi musicale) que la valeur mélodique des sons *fa*, *sol*, *la*, *nie*, *ut*, n'est pas la même dans les 2e et 7e nomes. Et il en est encore ainsi dans les huit autres nomes que nous venons de citer.

Cette remarque, d'une bien grande importance pour la mélodie, l'est encore plus pour l'harmonie.

147. — Fort heureusement qu'ici la nature nous a encore bien servis : car en classant les nomes par ordre de génération de leurs éléments, il s'est trouvé que les nomes désignés par les nombres impairs 1, 3, 5, 7, 9, 11, et 13, ont tous pour toniques UT et *sol*, et sont par conséquent à genres disjoints ; et que les nomes à chiffres pairs 2, 4, 6, 8, 10, 12 et 14, sont à genres conjoints, et ont pour toniques UT et *fa*.

Ainsi, les quatorze nomes se trouvent divisés par leurs toniques auxiliaires, en deux séries distinctes et par moitié, savoir :

Sept nomes impairs et à genres disjoints,

Et sept nomes pairs et à genres conjoints.

	NOMES IMPAIRS A GENRES DISJOINTS.		NOMES PAIRS A GENRES CONJOINTS.
1re CLASSE.	1 UT majeur et *Sol* majeur.	1re CLASSE.	2 UT majeur et *Fa* majeur.
	3 UT mineur et *Sol* mineur.		4 UT mineur et *Fa* mineur.
	5 UT syntonique et *Sol* synt.		6 UT syntonique et *Fa* synton.
2e CLASSE.	7 UT majeur et *Sol* mineur.	2e CLASSE.	8 UT mineur et *Fa* majeur.
	9 UT mineur et *Sol* synton.		10 UT syntonique et *Fa* mineur.
3e CLASSE.	11 UT majeur et *Sol* mixte.	3e CLASSE.	12 UT mixte et *Fa* majeur.
	13 UT mixte et *Sol* mineur.		14 UT mineur et *Fa* mixte.

148. — Les quatorze nomes dont nous venons de voir l'ordre et la composition sont le résumé des lois qui régissent les intervalles, et qui forment le code de la science mélodique. Ayant ainsi atteint le but que nous nous étions proposé § 4, Chap. 1er de ce livre, nous pouvions terminer ici notre travail nomothétique si nous n'avions à

rappeler que la question du tempérament devait être pour nous l'objet d'une étude particulière. Mais comme cette question ne saurait être traitée, avec tous les développements que mérite son importance, sans avoir une idée exacte des modes, de l'écriture musicale et de l'instrumentation, nous avons cru devoir traiter dans les chapitres suivants : 1° des modes; 2° de l'écriture musicale, du moins, en ce qui concerne les signes représentatifs des intervalles ou de la valeur mélodique des sons; 3° de l'instrumentation; et enfin du tempérament et de ses conséquences.

CHAPITRE HUITIÈME

MODES.

§ 1er.

ORIGINE, BUT ET DÉFINITION DU MODE.

149. — Dans la formation des nomes nous avons vu s'opérer successivement des transformations de notes dont les différences, bien qu'insensibles dans leur progression, présentent dans la pratique des difficultés propres à rebuter tout commençant, et à lui faire envisager la musique vocale comme un art exclusivement reservé à une plus heureuse organisation jointe à une longue pratique.

Ces difficultés pour la voix proviennent de ce que les notes correspondantes, dans chacun des nomes, ne conservent pas constamment entre elles ni les mêmes intervalles ni les mêmes noms, et, qu'à partir du nome type, les autres nomes portent plus ou moins de notes transformées ou d'altérations, que l'on pourrait assimiler à autant de notes du nome type abaissées d'un demi-ton. En sorte que si les difficultés dans la pratique étaient en raison du nombre des altérations, on pourrait classer les nomes réguliers de la première classe de la manière suivante, et dire qu'à partir du 1er nome qui n'en porte aucune, les cinq autres en diffèrent, savoir :

Le 2e nome par une note altérée	*Nie ;*
Le 3e nome par les deux notes altérées	*Nie, Lo ;*
Le 4e nome par les trois —	*Nie, Lo, Pho ;*
Le 5e nome par les quatre —	*Nie, Lo, Pho, Mé ;*
Le 6e nome par les cinq —	*Nie, Lo, Pho, Mé, Sym.*

150. — La nature semble avoir prévu toutes ces difficultés. Et voulant rendre la pratique de l'art musical accessible à tous, elle vient elle-même les aplanir, en nous proposant de faire usage des *modes* ou *nomes artificiels*, de ce moyen aussi ingénieux qu'admirable de simplicité, qui permet de chanter avec la plus grande facilité les sons et les intervalles des autres nomes, par les seules notes du nome type, ou premier nome.

Cet artifice du mode repose sur ce que les intervalles du 1er nome à partir de certaines notes prises en divers lieux de ce nome, comme toniques, coïncident exactement, intervalle pour intervalle, avec ceux des autres nomes réguliers à partir de leur tonique commune UT.

Prenons pour exemple le 6e nome régulier ; et plaçons en regard de ses intervalles ceux du 1er qui leur correspondent, comme suit :

6e NOME.	l'unisson.	UT	*mé,*	*lo,*	*Fa,*	*sym,*	*pho,*	*nie,*	*Ut.*
			½ t.	ton.	ton.	½ t.	ton	ton	ton.
1er NOME A PARTIR DU		SI	*ut,*	*re,*	*Mi,*	*fa,*	*sol,*	*la,*	*Si.*

Il est évident que les intervalles du 6e nome correspondent exactement avec ceux du 1er nome, à partir de la note *si*, prise comme tonique.

Si, dans cet état, on chante la note SI du 1er nome à l'unisson de la tonique UT du 6e, il est certain qu'en poursuivant le chant des notes *Si, ut, re, Mi, fa, sol, la, Si,* on rendra exactement les sons et les intervalles des notes UT, *mé, lo, Fa, sym, pho, nie, Ut,* du 6e nome.

Voilà tout l'artifice, et la grande simplicité des modes.

Les toniques fondamentales UT, des quatorze nomes, sont toutes à l'unisson comme appartenant à une seule et même corde. Les toniques modales, étant encore cette même corde, mais désignée par des noms différents, doivent aussi prendre le même unisson. En sorte que tout l'artifice du côté de la voix consiste à rendre le *son* des toniques nomales UT par les diverses *dénominations syllabiques* du nome type incombant à ces toniques par les modes.

151. — Nous allons maintenant nous occuper de la formation, ou plutôt de l'établissement des modes, commençant par les réguliers de la 1re classe ; puis de la 2e ; et enfin des modes irréguliers.

Le mode n'étant que la traduction du nome par d'autres notes, il nous suffira de mettre en regard les intervalles correspondants de chaque mode avec celles du nome qu'il traduit, comme dans l'exemple ci-dessus.

Puisque les notes et les intervalles du 1er nome servent de types et de modèles aux modes, il est clair que ce nome ne se traduit pas, et qu'il est à la fois son nome et son mode. Aussi, le placerons-nous comme 1er mode, afin de faire suivre et porter à chacun des autres modes les nos d'ordre de son nome.

§ 2.

FORMATION DES MODES.

152. Modes réguliers de la 1re classe.

Nome type et 1er mode................		UT	re	*mi*	fa	SOL	la	*si*	UT
UT majeur et SOL majeur.............		ton	ton	$\frac{1}{2}$ t.	ton	ton	ton	$\frac{1}{2}$ t.	
2e nome, UT majeur et FA majeur.	Unisson.	UT	re	*mi*	FA	sol	*la*	nie	UT
		ton	ton	$\frac{1}{2}$ t.	ton	ton	$\frac{1}{2}$ t.	ton	
2e mode, SOL majeur et UT majeur.		SOL	la	*si*	UT	re	*mi*	fa	SOL
3e nome, UT mineur et SOL mineur.	Unisson.	UT	re	*lo*	fa	SOL	la	*nio*	UT
		ton	$\frac{1}{2}$ t.	ton	ton	ton	$\frac{1}{2}$ t.	ton	
3e mode, RE mineur et LA mineur.		RE	mi	*fa*	sol	LA	si	*ut*	RE
4e nome, UT mineur et FA mineur.	Unisson.	UT	re	*lo*	FA	sol	*pho*	nie	UT
		ton	$\frac{1}{2}$ t.	ton	ton	$\frac{1}{2}$ t.	ton	ton	
4e mode, LA mineur et RE mineur.		LA	si	*ut*	RE	mi	*fa*	sol	LA
5e nome, UT syntonique et SOL synt.	Unisson.	UT	*mé*	lo	fa	SOL	*pho*	nie	UT
		$\frac{1}{2}$ t.	ton	ton	ton	$\frac{1}{2}$ t.	ton	ton	
5e mode, MI syntonique et SI synt.		MI	*fa*	sol	la	SI	*ut*	re	MI
6e nome, UT syntonique et FA synt.	Unisson.	UT	*mé*	lo	FA	*sym*	pho	nie	UT
		$\frac{1}{2}$ t.	ton	ton	$\frac{1}{2}$ t.	ton	ton	ton	
6e mode, SI syntonique et MI synt.		SI	*ut*	re	MI	*fa*	sol	la	SI

Modes réguliers de la 2e classe.

7e nome, UT majeur et SOL mineur.	Unisson.	UT	re	*mi*	fa	SOL	la	*nie*	UT
			ton	ton	½ t.	ton	ton	½ t.	ton
7e mode, SOL majeur et RE mineur.		SOL	la	*si*	ut	RE	mi	*fa*	SOL
8e nome, UT mineur et FA majeur.	Unisson.	UT	re	*lo*	FA	sol	*la*	nie	UT
			ton	½ t.	ton	ton	ton	½ t.	ton
8e mode, RE mineur et SOL majeur.		RE	mi	*fa*	SOL	la	*si*	ut	RE
9e nome, UT mineur et SOL synt..	Unisson.	UT	re	*lo*	fa	SOL	*pho*	nie	UT
			ton	½ t.	ton	ton	½ t.	ton	ton
9e mode, LA mineur et MI synt....		LA	si	*ut*	re	MI	*fa*	sol	LA
10e nome, UT syntonique et FA min.	Unisson.	UT	*mé*	lo	FA	sol	*pho*	nie	UT
			½ t.	ton	ton	ton	½ t.	ton	ton
10e mode, MI syntonique et LA min.		MI	*fa*	sol	LA	si	*ut*	re	MI

153. — L'examen de ces dix modes réguliers fait reconnaître que les toniques modales suivent le même ordre dans la première et la deuxième classe, et qu'elles se trouvent à partir de la tonique UT du nome type, en montant par *quinte* et en descendant alternativement par *quarte*, de la manière suivante :

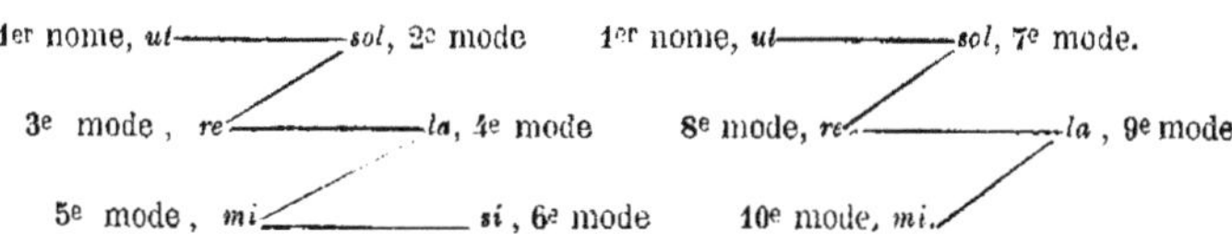

Formation des Modes irréguliers.

154. — La différence dans la marche ascendante et descendante des nomes irréguliers, oblige leurs modes à porter une note transformée, ou une altération dans leur marche descendante ainsi qu'il suit :

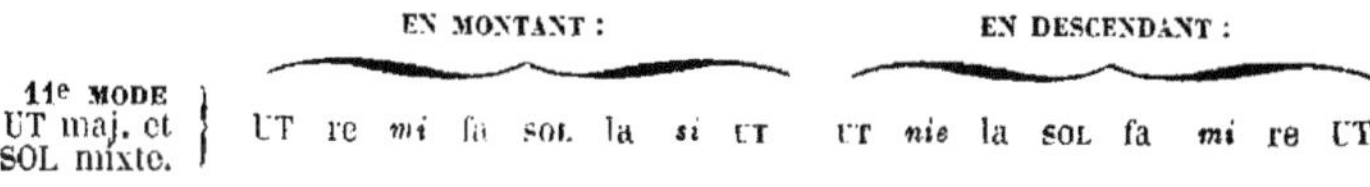

Ce mode est le même que le 11e nome, affecté comme lui de la note *nie* en descendant

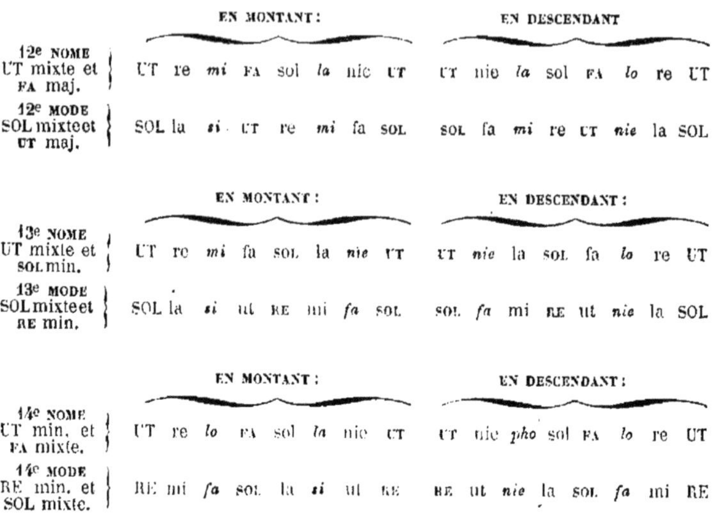

	EN MONTANT :	EN DESCENDANT :
12e NOME UT mixte et FA maj.	UT re *mi* FA sol *la* nie UT	UT nie *la* sol FA *lo* re UT
12e MODE SOL mixte et UT maj.	SOL la *si* UT re *mi* fa SOL	SOL fa *mi* re UT *nie* la SOL

	EN MONTANT :	EN DESCENDANT :
13e NOME UT mixte et SOL min.	UT re *mi* fa SOL la *nie* UT	UT *nie* la SOL fa *lo* re UT
13e MODE SOL mixte et RE min.	SOL la *si* ut RE mi *fa* SOL	SOL *fa* mi RE ut *nie* la SOL

	EN MONTANT :	EN DESCENDANT :
14e NOME UT min. et FA mixte.	UT re *lo* FA sol *la* nie UT	UT nie *pho* sol FA *lo* re UT
14e MODE RE min. et SOL mixte.	RE mi *fa* SOL la *si* ut RE	RE ut *nie* la SOL *fa* mi RE

Les modes irréguliers présentent une irrégularité dans l'ordre de leurs toniques. En partant de l'UT du 11e nome, on monte d'une *quinte* pour avoir la tonique SOL du 12e mode; mais au lieu de descendre immédiatement d'une *quarte*, on s'arrête sur ce même SOL pour avoir la tonique du 13e mode. Puis on descend d'une *quarte* sur le RE qui est la tonique du 14e mode comme suit :

TONIQUES DES MODES IRRÉGULIERS.

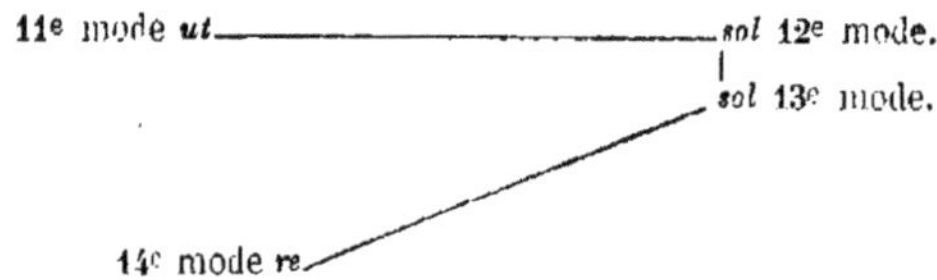

155. — L'établissement des quatorze modes nous fait voir :

1° Que les toniques modales SOL, RE, LA, MI, SI, ne sont pas des toniques naturelles mais bien des toniques artificielles et simplement modales, dont chacune, en prenant l'unisson de la tonique nomale UT, rend dans ce cas un tout autre son que celui qui lui est propre dans le nome type;

2° Que, si l'on traduit les *nomes* par leurs *modes*, il suffit de savoir chanter le premier nome pour pouvoir chanter avec une égale facilité les neuf autres nomes réguliers, quelles que puissent être leurs différences, et les difficultés de leur intonation ; et qu'il en est à peu près de même pour les quatre nomes irréguliers, dont les modes sont affectés, mais seulement en descendant, par la note *nie*.

§ 3.

SIMILITUDE APPARENTE DES MODES.

Modes pairs et modes impairs.

156. — Les nomes et les modes considérés sous le rapport des sons et des intervalles, sont absolument identiques : la seule différence entre eux consiste dans les dénominations syllabiques.

Le mode a donc aussi sa tonique fondamentale, sa tonique auxiliaire et ses deux genres.

L'examen des quatorze modes nous y fait reconnaître comme dans les nomes, la similitude apparente des 2e et 7e, 3e et 8e, 4e et 9e, 5e et 10e, 12e et 13e modes, que l'on doit bien se garder de confondre.

Il n'est donc pas moins important de connaître la tonique auxiliaire, c'est-à-dire la disjonction et la conjonction des genres dans les modes que dans les nomes.

Or, comme chaque mode porte le n° d'ordre du nome qu'il traduit, les chiffres impairs et les chiffres pairs nous feront aussi connaître cette disjonction et cette conjonction.

C'est pourquoi nous allons résumer dans le tableau suivant les modes pairs et les modes impairs.

MODES IMPAIRS à genres disjoints et ayant la quinte pour tonique auxiliaire.	**MODES PAIRS** à genres conjoints et ayant la quarte pour tonique auxiliaire.
1er UT majeur et *Sol* majeur.	2e SOL majeur et *Ut* majeur.
3e RE mineur et *La* mineur.	4e LA mineur et *Re* mineur.
5e MI syntonique et *Si* syntonique.	6e SI syntonique et *Mi* syntonique.
7e SOL majeur et *Re* mineur.	8e RE mineur et *Sol* majeur.
9e LA mineur et *Mi* syntonique.	10e MI syntonique et *La* mineur.
11e UT majeur et *Sol* mixte.	12e SOL mixte et *Ut* majeur.
13e SOL mixte et *Re* mineur.	14e RE mineur et *Sol* mixte.

L'on voit, par ce tableau, que les toniques et les genres sont inversement les mêmes dans les modes pairs et dans les modes impairs qui les précèdent.

Appendice aux Chapitres Septième et Huitième,

CONCERNANT LES NOMES ET LES MODES.

Bien que dans cet ouvrage nous ayons pour seul but la découverte des lois et des principes de la musique, sans avoir à nous occuper des musiques qui nous ont précédé, nous croyons devoir encore nous arrêter à quelques considérations sur les nomes et les modes grecs comparés aux nomes et aux modes de cette nomothésie.

NOMES DE LA MUSIQUE ANCIENNE.

157. — « Les anciens Grecs, dit le P. Mersenne, n'ont pas usé du « nom de *mode*, mais de celui de *ton*.» *(Harm. univ.* liv. III. DES GENRES*)*

« Les modernes depuis Glaréan ont donné le nom de *mode* à ce que « les anciens appelaient *nome*. » *(Dict.* de Rousseau)

L'on voit par là que les auteurs confondent dans la même acception les mots *nome*, *ton* et *mode*.

Il n'y a donc pas lieu de s'étonner si, dans les auteurs qui nous ont précédés, l'on trouve ces trois mots appliqués tantôt à une même chose et tantôt à des choses différentes.

Pour nous, chacun de ces mots a une signification propre. Les attributs qu'ils désignent dans cette nomothésie ont des caractères tellement tranchés, tellement différents, qu'ils ne doivent pas nous échapper sous quelque dénomination qu'on nous les présente.

« Tout chant, dit Rousseau, déterminé par des règles qu'il n'é- « tait pas permis d'enfreindre, portait chez les Grecs le nom de « *nome*. »

« Tous les auteurs anciens, dit le même écrivain, conviennent que le « *mode* est un certain système ou une constitution de sons, et il paraît « que cette constitution n'est autre chose elle-même qu'une certaine « octave remplie de tous les sons intermédiaires selon le genre. Eu- « clide et Ptolémée semblent la faire consister dans les diverses po- « sitions des deux demi-tons de l'octave, relativement à la tonique « principale. » *(Dict. de mus.* art. MODE)

Nous avons défini le nome, la réunion des deux genres dans la même octave. Or, la différence des genres consiste dans les diverses positions du demi-ton relativement à la tonique. Il s'ensuit donc que la différence des nomes consiste aussi dans les diverses positions des deux demi-tons dans l'octave.

Les nomes grecs (appelés modes par les auteurs), étaient donc les mêmes que les nomes de cette nomothésie.

MODES GRECS.

158. — En parlant de la différence des modes entre eux, Rousseau nous dit : « Le plus grand nombre des auteurs anciens paraît « mettre cette différence uniquement dans le lieu qu'occupe le diapa- « son du mode dans le système général, c'est-à-dire, en ce que la « base ou corde principale du mode est plus aiguë ou plus grave, « étant prise en divers lieux du système. »

Ici Rousseau tombe dans une erreur grave. Ou il n'a pas compris les auteurs qu'il a compilés, ou ces auteurs eux-mêmes n'ont pas compris l'artifice du mode. Ils ont cru que les toniques modales ou artificielles étaient les unes plus graves, les autres plus aiguës que la tonique nomale. Ils n'ont pas compris, disons-nous, que cette dernière tonique peut porter différents noms, tout en conservant le même son et sans rien changer au diapason du mode.

Cependant Rousseau devait moins que tout autre tomber dans cette erreur ; car lui-même fait dire à Ptolémée « que les modes n'étaient « pas introduits dans le dessein de varier les chants selon le grave « et l'aigu.

Or, si la tonique d'un mode peut se prendre en divers lieux du système sans varier le chant selon le grave et l'aigu, il est évident que le passage ci-dessus revient à dire :

La différence des modes consistait en ce que le *nom* (mais non le *son*) de la corde principale s'empruntait à des cordes plus graves ou plus aiguës que celle du diapason du mode.

Pris dans ce sens, les modes grecs étaient, d'après Ptolémée, absolument les mêmes que ceux établis dans cette nomothésie.

DÉNOMBREMENT ET DÉNOMINATIONS DES MODES GRECS.

159. — Il faut avoir lu quelques ouvrages traitant de la musique ancienne pour se faire une idée de l'état de confusion dans lequel nous trouvons cette musique. Mais si déjà nous avons éprouvé de grandes

difficultés pour démêler dans ce chaos les quelques attributs qui se rapportent à ceux que nous avons établis et développés dans ce livre, l'on verra dans ce qui va suivre, que les écrivains, tant anciens que modernes, se fussent-ils donné le mot pour rendre cette musique incompréhensible, ils n'eussent pas mieux atteint leur but.

On trouve dans Alypius, auteur grec, le dénombrement de quinze modes dont on voit les noms, l'ordre et les intervalles dans le *Dictionnaire de Musique* de Rousseau, Pl. E, comme suit :

	1	2	3	4	5	6	7	8	9	10	11	12	13	14	15.
	La	si ♭	si	ut	ut ♯	ré	mi ♭	mi	fa	fa ♯	sol	la ♭	la	si ♭	si.
	Hypo-Dorien........	Hypo-Ionien........	Hypo-Phrygien........	Hypo-Eolien........	Hypo-Lydien........	Dorien........	Ionien........	Phrygien........	Eolien........	Lydien........	Hyper-Dorien........	Hyper-Ionien........	Hyper-Phrygien........	Hyper-Eolien........	Hyper-Lydien........
Correspondant aux notes.	La	nie	si	ut	mé	re	lo	mi	fa	sym	sol	pho	la	nie	si.

Si Alypius a été de bonne foi, il s'est laissé prendre à un bien grossier piége, en acceptant pour autant de modes une suite d'échelles dont chacune forme dans l'octave une suite consécutive de demi-tons, et dont les toniques sont assises sur cette même suite de demi-tons.

En effet, en comparant le tableau ci-dessus à celui de notre système général (134) on reconnaît facilement que ce qu'Alypius appelle quinze modes n'est autre chose qu'un tableau synoptique et synthétique de tous les sons, qui à la vérité servent à former les genres, les nomes et les modes ; mais dans lequel il n'y a de formé ni un genre ni un mode.

« De tous ces modes, Platon en rejetait plusieurs comme capables « d'altérer les mœurs. »

Nous voulons admettre avec Platon, Rousseau et les anciens, que chaque nome comme chaque mode porte en soi le caractère d'un sentiment particulier ; nous admettons encore avec eux que les sons graves ne produisent pas sur nous les mêmes impressions que les sons aigus. Mais il est impossible d'admettre que des quinze échelles ci-dessus, toutes composées d'une suite de demi-tons, et parfaitement semblables, il fallut rejeter plusieurs comme capables d'altérer les mœurs, lorsque surtout pas une d'entre elles n'est à proprement parler ni un nome ni un mode.

160. — Les mots *nome* et *mode* étant des termes génériques d'attributs qui embrassent deux genres, soit de même espèce, soit d'espèces différentes, exigent une désignation propre et particulière à chacun d'eux. Aussi les anciens avaient-ils appliqué aux leurs les mots Dorien, Phrygien, etc.

Ptolémée renfermait tous les modes au nombre de sept dans l'espace d'une octave.

L'abbé Brossard donne aussi la liste des modes grecs, tout en ajoutant qu'il ne prétend pas garantir la vérité de ces rapports, les opinions étant fort partagées là-dessus.

Rousseau donne encore, Pl. E de son *Dictionnaire*, la table générale des modes anciens sous la citation d'Euclide.

Nous allons voir les dénominations des modes grecs d'après ces trois auteurs que nous mettrons en présence.

	PTOLÉMÉE.	EUCLIDE.	BROSSARD.
	—	—	—
F	Mixo-Lydien.	Eolien.	Lydien.
E	Lydien.	Phrygien.	Phrygien.
D	Phrygien.	Dorien.	Dorien.
C	Dorien.	Hypo-Eolien.	Ionien.
B	Hypo-Lydien.	Hypo-Phrygien.	Hypo-Phrygien.
A	Hypo-Phrygien.	Hypo-Dorien.	Eolien.
G	Hypo-Dorien.	Hyper-Dorien.	Mixo-Lydien.

L'on voit par là que Ptolémée et Euclide se contredisent ; Brossard, qui ne s'accorde avec aucun d'eux, n'est pas sûr de ce qu'il avance ; en sorte qu'adopter aujourd'hui les anciennes dénominations grecques ce serait, à coup sûr, perpétuer dans la musique les erreurs et la confusion.

161. — Tout homme de bonne foi avouera donc que tout était à inventer en ce qui concerne la musique des anciens Grecs, même les noms. Elle était pour nous comme si elle n'avait jamais existé. Il eût peut-être mieux valu pour les musiciens modernes qu'on ne leur en eût jamais parlé ; car il a existé et il existe encore parmi eux des hommes d'une intelligence supérieure, qui, au lieu de s'attacher à l'étude des auteurs anciens, et de s'entêter à vouloir comprendre ce qui

dans l'état était réellement incompréhensible, se seraient directement appliqués à la recherche des lois musicales dont la découverte a été ainsi retardée.

CHAPITRE NEUVIÈME

NOTATION DES NOMES ET DES MODES.

§ 1er.

ÉCRITURE MUSICALE.

162.— La théorie la plus claire et la plus concise, si elle n'est appliquée et mise en pratique, reste sans valeur comme sans effet, et devient d'une nullité complète.

La pratique d'un art est donc le but et la fin de sa théorie.

La théorie est à la musique ce que la rhétorique est au discours : Si celui-ci a son orateur, son écrivain, son lecteur ou récitateur, la musique a aussi son improvisateur, son compositeur ou écrivain, son lecteur ou simple exécutant.

La théorie musicale ne peut donc avoir son plein effet sans l'écriture.

Il n'y a, et il ne peut y avoir d'analogie entre un signe graphique et un son. L'écriture musicale est donc arbitraire et de pure convention.

163. — Toute chose arbitraire est et sera un objet de discussions. D'où il suit : que si l'écriture musicale semble ne devoir porter aucune atteinte à la théorie en elle-même, elle peut en atténuer sensiblement les effets en ouvrant un vaste champ à des réformes et à des méthodes que ne dictent pas toujours la raison, le savoir et le bon sens.

Le P. Mersenne et l'abbé Brossard ont tenu ce singulier langage : peu importent, disent-ils, les noms et les signes pourvu que l'on s'entende.

Cela équivaut à ceci : que le chemin soit droit, horizontal et uni, ou qu'il soit sinueux, montueux et rocailleux, peu importe, pourvu qu'on arrive. Quant à nous, nous n'y souscrirons pas. Tout signe, il est vrai, qui représente un son est de pure convention ; mais c'est justement parce qu'il peut revêtir plusieurs formes qu'il importe de l'établir de la manière la plus simple et la plus rationnelle.

164.—Les lettres alphabétiques ont été pendant plusieurs siècles les seules notes musicales. Les sept lettres *a*, *b*, *c*, *d*, *e*, *f*, *g*, en se répétant à l'octave, suffisaient à saint Grégoire pour tous les chants des modes réguliers. Mais l'adoption des modes irréguliers, laissant à découvert un autre son qui, se trouvant à un demi-ton sous *b*, prit la forme de celui-ci, et fut désigné par le nom de *bé-rond* ou *bé-mol ;* le *b* principal ou le *si* reçut alors une forme carrée ♮ et le nom de *bé-quarré* ou *bé-dur*.

Ces lettres alphabétiques n'ayant d'autre but que d'indiquer les intervalles des sons, on dut, pour désigner les liaisons et les durées, leur adjoindre d'autres signes appelés *neumatiques* qui, en se compliquant, purent dans la suite remplacer les lettres ; mais ces signes devinrent tellement embrouillés, multipliés et confus, que dans le onzième siècle, la musique, au rapport de Guido d'Arezzo, était devenue une espèce de science occulte par la difficulté de l'enseigner.

Ce fut alors que Guido fit succéder aux lettres et aux signes neumatiques les lignes et les points que l'on nomme *portée*[1]. C'est le seul système graphique qui se soit maintenu et qui, malgré ses imperfections, constitue aujourd'hui la notation musicale.

§ 2.

PORTÉE MUSICALE. — NOTATION.

165. — Trois choses principales constituent la portée, savoir : les lignes, les notes et la clef.

Les lignes, parallèles entre elles, sont au nombre de quatre pour le

[1] « Ce fut à Pompose, dit le P. Mersenne, dans le duché de Ferrare que Guido fit ses in-
« ventions. Il paraît qu'il eût d'abord beaucoup à souffrir. Dans une lettre écrite en 1022
« à frère Michel, religieux, et rapportée par le cardinal Baronius, il se plaint à lui des
« mauvais traitements qu'il recevait au lieu des louanges qu'il méritait par l'invention de
« cette manière de chanter, si facile à l'égard de celle dont on usait devant. Plus tard,
« ajoute le P. Mersenne, le pape Benoît VIII lui envoya trois messagers pour le faire venir à
« Rome, où il le reçut d'un accueil si favorable, qu'il ne voulut pas se lever de son siége
« qu'il n'eût appris à chanter l'un des versets de l'antiphonaire d'Arétin. »
Nous avons cru devoir transcrire ce passage en faveur de cet homme célèbre, auquel le P. Kircher et autres ont voulu contester le mérite et la gloire de son invention.

plain-chant, et de cinq pour la musique moderne. C'est la portée proprement dite, au-dessus et au-dessous de laquelle on ajoute, si besoin est, des lignes supplémentaires ou additionnelles.

Nous adoptons la portée à cinq lignes, parce que, sans lignes additionnelles, elle embrasse plus de notes, et parce qu'étant exclusivement usitée dans la musique moderne, on l'applique quelquefois à la musique religieuse.

166. — Les points ou figures appelées notes sont de forme angulaire dans le plain-chant. et à peu près ronde dans la musique moderne.

Dans l'une et l'autre portée, la forme adoptée, ronde ou carrée, est commune à toutes les notes. En sorte que chaque son, considéré sous le rapport intervallaire ou mélodique, est représenté, non par la note elle-même, mais par la position qu'elle occupe soit sur la ligne, soit dans l'espace blanc qui sépare les lignes.

Que Guido ait connu tous les sons musicaux, ou qu'il n'en ait connu qu'une partie, toujours est-il que, sur les treize sons de l'octave, il s'en est trouvé cinq dont les notes ont été assises sur des positions déjà occupées et auxquelles on a affecté, en dehors d'elles-mêmes, des signes distinctifs appelés tantôt *dièses*, tantôt *bémols* [1] comme suit :

[1] Guido adopta le ♭ appelé ***bé rond*** ou ***bémol***, et le ♮ nommé ***béquarre*** ou ***bé dur***, pour en affecter deux notes auxquelles il avait assigné la même position et qui depuis ont reçu le nom commun de ***si***. En sorte que la note ***si*** affectée du ♭ rond, ajoute à son nom celui de ***si mol***, comme celle affectée de ♯ carré y ajoute celui de ***si dur***, puisque le ♭ par lui-même signifie ***si***.

Le ♭ rond a conservé depuis la forme et le nom de ***bémol***. Mais il a fait de tels progrès, qu'il est devenu le signe caractéristique de tout son abaissé d'un demi-ton

comme..............................	*sol* ♭	*la* ♭	*si* ♭
signifiant mot à mot..................	*sol si mol*	*la si mol*	*si si mol*
On est allé jusqu'à double *bémol*.....	*sol* ♭ ♭	*la* ♭ ♭	*si* ♭ ♭
mot à mot............................	*sol si si mol*	*la si si mol*	*si si si mol*
équivalant aux notes..................	*fa*	*sol*	*la*

si une telle chose était encore à faire on la jugerait impossible.

Il en est encore de même du *dièse*, qui n'était autre que le ***béquarre*** dont on a mo-

167. — L'application de tous ces signes sur la portée, ne pouvant qu'amener de la confusion, rendre l'écriture musicale illisible, et la musique inéxécutable, heureux ont été les compositeurs de trouver des lecteurs, de simples exécutants assez complaisants pour se donner la peine d'acquérir, en pure perte, la connaissance des diverses échelles et du nombre des *dièses* et *bémols* incombant à chacune; assez complaisants, disons-nous, pour convenir avec eux qu'en voyant écrit, par exemple, un *re*, ce serait tantôt un son et tantôt un autre, suivant l'échelle dans laquelle il leur plairait de composer; et de plus, que dans certains cas cette même note écrite *re* ne serait plus *re* sans la présence d'un autre signe extérieur nommé *béquarre*.

Nous ne pouvions laisser passer un tel vice sans le signaler, et surtout, sans chercher à le faire disparaître. Nous croyons y être parvenu au moyen de la plus simple des modifications.

§ 3.

ESSAI SUR L'UNITÉ DE NOTATION DE LA MUSIQUE RELIGIEUSE ET DE LA MUSIQUE MODERNE

168. — Dans l'état actuel, la musique sacrée et la musique moderne ont, tout en suivant le même système, — celui de Guido d'Arezzo, chacune, leur notation particulière. Aussi, la majeure partie des praticiens de la première ne connaissent rien à la notation de la seconde, et il en est réciproquement de même des musiciens modernes pour le plain-chant. Cela semble d'autant plus extraordinaire qu'elles sont toutes deux basées sur les mêmes principes, résultent des mêmes lois, et se servent des mêmes sons et des mêmes intervalles.

A voir un tel état de choses, l'on est porté à se demander : pourquoi n'ont-elles pas aussi la même notation ?

Depuis quelque temps, certains musiciens sacrés semblent avoir adopté exclusivement la notation moderne avec ses *dièses* et ses *bémols*, pour l'appliquer ainsi au plain-chant. Si, dans leur pensée,

difié la forme. « Le plus ancien manuscrit, dit Rousseau, où j'aie vu le nom de *dièse*, est celui de Jean de Muris; ce qui me fait croire qu'il est de son invention. Mais il ne paraît avoir dans ses exemples que l'effet du *béquarre*.

cette adoption a pour but d'opérer la fusion de la musique moderne et de la musique religieuse, et d'ajouter ainsi à la popularité de cette dernière, nous osons leur affirmer que, confondant le désir du bien avec le bien lui-même, cette fatale adoption aurait pour conséquences inévitables de supprimer les modes, de dépopulariser le chant sacré et de porter le dernier coup à l'œuvre commune de saint Ambroise et de saint Grégoire.

169. — Appelé, dès son origine, à devenir le chant de l'Eglise universelle, le chant de tous les peuples, les fondateurs de ce chant durent chercher tous les moyens de le réduire à la plus grande simplicité, à la plus grande facilité d'exécution. Or, le chant sacré étant essentiellement vocal, ces moyens se présentaient tout naturellement à eux dans la traduction des nomes par les modes, moyen d'une admirable simplicité et qui réduit à une seule échelle celles des nomes les plus difficiles.

Mais ce moyen, aussi simple qu'ingénieux, était menacé d'une disparition complète, car si le nom était encore conservé l'on était réduit à ne plus savoir ce que c'était que la chose; et c'est un hasard providentiel qu'il soit resté quelques modes dans l'application pour servir comme témoignage et preuve de leur premier établissement.

Il est certain qu'à en juger d'après la manière dont on envisage et l'on traite aujourd'hui le chant ecclésiastique, on ne se douterait guère qu'il ait été assis sur des nomes et traduit par des modes; mais il est aussi certain que, pour en faire un art vraiment populaire, il faut rendre à sa notation sa simplicité primitive, il faut, en un mot, lui restituer ses véritables modes.

Le but des modes étant d'éviter autant que possible toute altération de l'échelle-type, toute note qui y est étrangère, et de réduire à cette seule échelle la notation de toutes les autres, il nous semble que noter le chant d'église avec les *dièses* et les *bémols* modernes, c'est y impliquer des difficultés propres à le dépopulariser; c'est agir dans un esprit tout à fait opposé à celui de ses fondateurs.

170. — Tout le monde sent combien il serait important de réunir en un même système de notation la musique religieuse et la musique moderne. Une telle fusion, si elle ne préjudiciait ni à l'une ni à l'autre, serait des plus heureuses. Il ne suffisait donc pas que nous eussions signalé les défauts de la notation actuelle: la critique, dit-on, est toujours facile. Il était aussi de notre devoir de chercher à faire disparaître ces défauts, à simplifier la notation, à en faciliter la lecture, et enfin à obtenir dans la notation musicale cette unité que nous avons obtenue

dans les principes. Nous avons l'heureuse conviction que ce quadruple but peut être facilement atteint au moyen de la modification suivante[1].

171. — Nos devanciers nous ont donné l'exemple des notes carrées et des notes rondes sur la portée musicale, en appliquant les premières au chant d'église et les autres au chant moderne. Nous venons proposer d'utiliser ces deux formes et de les appliquer à la même portée, en se servant des notes rondes pour désigner les sons *ut*, *re*, *mi*, *fa*, *sol*, *la*, *si*, *ut*, et des notes carrées pour distinguer et représenter les sons *mé*, *lo*, *sym*, *pho*, *nie*, comme suit :

Cette simple modification des notes nous donnera les résultats suivants :

1° Sans aucun signe extérieur, toute note musicale sur la portée se reconnaît tant en elle-même que par la position qu'elle y occupe. Toute confusion, toute erreur deviennent impossibles entre deux notes occupant la même position ;

2° Le musicien exécutant, l'instrumentiste n'a plus à s'occuper de l'armure des clefs. Peu lui importe l'échelle dans laquelle il joue, ayant devant lui la vraie note qu'il doit rendre, il n'est plus distrait de la pensée musicale dont il doit se pénétrer, et sans laquelle il ne rendra jamais celle du compositeur ;

3° Le résultat le plus important doit être l'extrême facilité des études musicales, mais nous croyons devoir laisser l'appréciation de ce troisième résultat aux professeurs consciencieux qui auront enseigné, et aux élèves qui auront étudié la musique ainsi simplifiée.

[1] On croirait difficilement que l'écriture musicale ait pu porter atteinte à la théorie, à laquelle elle doit être subordonnée en tous points, puisqu'elle n'en est que l'interprète. Comme telle, plus elle sera simple, plus elle aura de valeur, mais comme telle elle doit aussi en représenter clairement et intelligiblement tous les attributs. Et cependant, c'est peut-être en voulant trop simplifier la pratique et l'écriture, qu'on avait tout embrouillé en musique. C'est ainsi que les fondateurs du chant ecclésiastique simplifièrent beaucoup la pratique en adoptant les modes. Mais qu'en résulta-t-il? C'est que dans la suite les réformateurs de l'écriture musicale, ne tenant plus compte des nomes ni de leurs éléments, on considéra les modes comme des échelles naturelles, et les nomes furent perdus. La perte des nomes entraîna celle des genres, et en même temps, celle des sons fixes, des sons mobiles et de leur valeur. En perdant la valeur mélodique des notes, on perdit cette proslambanomène, ce son fondamental que le célèbre Rameau sut ressusciter, mais dont il ne déduisit pas toutes les conséquences.

172. — En supprimant les signes ♯ ♭ et ♮ [1] pour les remplacer par les notes angulaires du plain-chant, nous avons le choix de deux positions sur la portée : la note *mé*, par exemple, peut occuper soit la position d'*ut-dièse*, soit celle du *re bémol* et ainsi des autres. Nous avons préféré la position des *bémols* qui, ainsi qu'on l'a vu (143) remplacent les notes *re*, *mi*, *sol*, *la*, *si*. En agissant ainsi, la modification que nous proposons, tout en facilitant l'étude de la musique pratique, ne saurait contrarier ni gêner aucunement les praticiens déjà habitués à faire les notes de ces positions un demi-ton plus bas, lors même qu'elles ne sont pas immédiatement précédées du signe ♭.

Les notes de la portée remplissent encore une autre fonction : celle d'indiquer la valeur temporaire ou la durée des sons. Nous nous réservons d'en parler, ainsi que des clefs et autres signes, en traitant plus tard de la musique pratique.

Au reste, nous ferons remarquer, dès à présent, qu'avec la notation ainsi modifiée, les clefs deviennent parfaitement inutiles, en ce qui touche la musique vocale.

Ce que nous venons de dire, sur l'écriture musicale, nous suffit pour obtenir dans le paragraphe suivant les nomes et les modes sur la portée.

§ 4.

NOMES ET MODES SUR LA PORTÉE.

173. — Les nomes, au nombre de quatorze, sont établis sur la tonique UT. Tous, à l'exception du premier, portent plus ou moins d'altérations qui rendent le chant plus ou moins difficile. Le mode, ainsi que nous l'avons dit au chap. VIII, est une manière de traduire le nome dans le but de faciliter la lecture et l'exécution, en évitant les altérations étrangères au premier nome. L'on voit par là : 1° que le premier nome ne se traduit pas ; ses notes servant de types à celles des modes, il est à la fois son nome et son mode ; 2° que toutes les notes correspondantes des nomes et des modes sont des unissons, sous des noms et des signes différents.

[1] Les raisons de cette suppression et de celle de la distinction des tons et des demi-tons en majeurs, mineurs et moyens, sont longuement développées au chap. 12.

Nomes et Modes réguliers.

1er nome et 1er mode *ut* majeur et *sol* majeur[1].

Le 2e nome *ut* majeur et *fa* majeur a pour mode *sol* majeur et *ut* majeur.

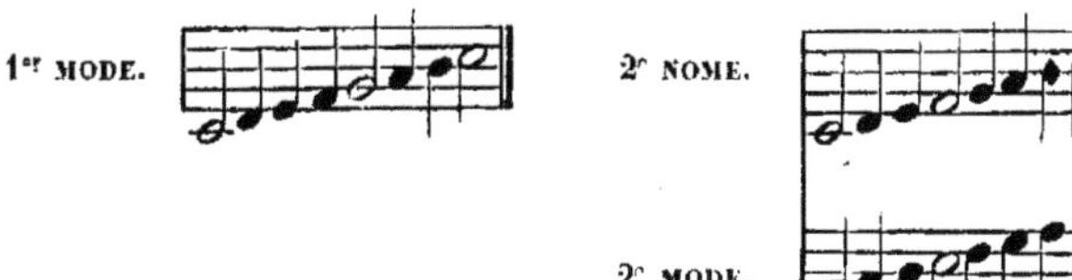

Le 3e nome, *ut* mineur et *sol* mineur, a pour mode *re* mineur et *la* mineur.

Le 4e nome, *ut* mineur et *fa* mineur, a pour mode *la* mineur et *re* mineur.

Le 5e nome, *ut* syntonique et *sol* syntonique, a pour mode *mi* syntonique et *si* syntonique.

Le 6e nome, *ut* syntonique et *fa* syntonique, a pour mode *si* syntonique et *mi* syntonique.

[1] Les notes blanches désignent les toniques.

Le 7e nome, *ut* majeur et *sol* mineur, a pour mode *sol* majeur et *re* mineur.

Le 8e nome, *ut* mineur et *fa* majeur, a pour mode *re* mineur et *sol* majeur.

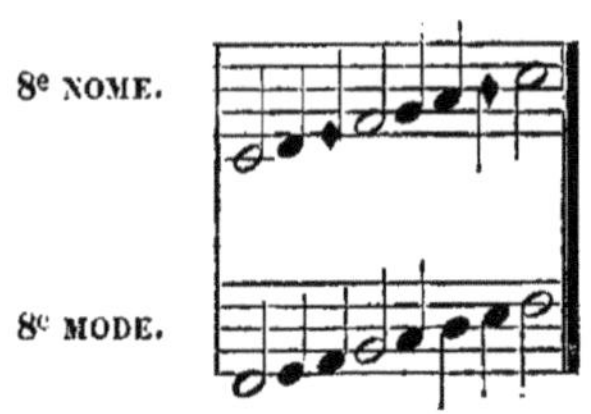

Le 9e nome, *ut* mineur et *sol* syntonique, a pour mode *la* mineur et *mi* syntonique.

Le 10e nome, *ut* syntonique et *fa* mineur, a pour mode *mi* syntonique et *la* mineur.

Nomes et modes irréguliers.

11e nome et 11e mode, *ut* majeur et *sol* mixte.

Ce nome ne diffère du 1er que par l'altération *nie*, en descendant, et ne se traduit pas.

Le 12e nome, *ut* mixte et *fa* majeur, a pour mode *sol* mixte et *ut* majeur.

Le 13e nome, *ut* mixte et *sol* mineur, a pour mode *sol* mixte et *re* mineur.

Le 14e nome, *ut* mineur et *fa* mixte, a pour mode *re* mineur et *sol* mixte.

CHAPITRE DIXIÈME

MIXTIONS.

§ 1er.

BUT ET DÉFINITION.

174. — Les quatorze nomes et la combinaison des genres de chacun d'eux sont des résultats de la 17e loi, et c'est encore en vertu de cette même loi que nous allons voir s'opérer dans les nomes de bien grandes modifications.

Quand un chant dépasse à l'aigu le genre fondamental d'UT, on a le choix de l'une des deux toniques auxiliaires *sol* ou *fa*. Il y a même plus:

aucune loi ne défend l'emploi successif de ces deux toniques dans le même chant : par conséquent, toute combinaison de ces deux toniques auxiliaires et de leurs genres est permise, pourvu qu'on ne s'écarte pas des prescriptions de la 17ᵉ loi qui veut que le genre auxiliaire porte, soit le même nombre d'altérations, soit une altération de plus que le genre fondamental.

Nous pouvons donc combiner et réunir les deux toniques auxiliaires et leurs genres dans un même chant. Cette combinaison nous l'appelons *nome mixte* ou simplement *mixtion*, parce qu'en effet on opère ainsi le mélange de plusieurs nomes.

Les mixtions devant avoir lieu dans les modes comme dans les nomes, nous traiterons d'abord des mixtions nômales, puis des mixtions modales.

§ 2.

MIXTIONS NOMALES.

En faisant successivement l'application de la 17ᵉ loi à chacun des quatre genres de la tonique fondamentale UT, dans ses rapports avec les genres auxiliaires, nous obtiendrons les quatre règles et les quatre mixtions suivantes :

PREMIÈRE RÈGLE.

175. — Si le genre fondamental ne porte point d'altération, le genre auxiliaire doit, ou n'en pas porter, ou en porter une seule.

Ou en d'autres termes, si le genre fondamental est majeur :

1° Le genre auxiliaire disjoint ne peut être syntonique mais majeur, mineur ou mixte.

2° Le genre auxiliaire conjoint ne peut être que majeur.

Cette règle nous donne la mixtion suivante :

Première Mixtion nomale.

GENRE FONDAMENTAL.	GENRES AUXILIAIRES.		
Ut majeur (sans altération)...	*Sol* majeur....	1er nome, sans altération.	
	Fa majeur....	2ᵉ nome	1 altération, si♭.
	Sol mineur....	7ᵉ nome	
	Sol mixte.....	11ᵉ nome	

L'on voit ainsi que la 1re mixtion peut embrasser les 1er, 2e, 7e et 11e nomes et nous donne l'échelle suivante :

1re MIXTION.

DEUXIÈME RÈGLE.

176. — Si le genre fondamental porte une altération, le genre auxiliaire ne peut être sans altération, mais doit en porter une ou deux.

Ou en d'autres termes, si le genre fondamental est mineur :

1° Le genre auxiliaire disjoint ne peut être majeur, mais mineur, mixte ou syntonique.

2° Le genre auxiliaire conjoint ne peut être syntonique, mais majeur, mineur ou mixte, comme suit :

Deuxième Mixtion nomale.

GENRE FONDAMENTAL.	GENRES AUXILIAIRES.	
Ut mineur (1 altération *lo*)....	*Sol* mineur.... 3e nome	1 altération *nie*.
	Fa majeur.... 8e nome	
	Fa mineur.... 4e nome	2 altérations *pho*, *nie*.
	Sol syntonique 9e nome	
	Fa mixte......14e nome	

La deuxième mixtion comprend donc les 3e, 4e, 8e, 9e et 14e nomes et donne l'échelle suivante :

2e MIXTION.

TROISIÈME RÈGLE.

177. — Si le genre fondamental porte deux altérations, le genre auxiliaire doit en porter deux ou trois.

Ou en d'autres termes, si le genre fondamental est syntonique :

1° Le genre auxiliaire disjoint ne peut être que syntonique.

2° Le genre auxiliaire conjoint ne peut être que mineur ou syntonique.

Troisième Mixtion nomale.

GENRE FONDAMENTAL	GENRES AUXILIAIRES.	
Ut syntonique (2 altér. *mé, lo*).	*Sol* syntonique 5e nome	2 altér., *pho, nie.*
	Fa mineur....10e nome	
	Fa syntonique 6e nome 3 altér., *sym, pho, nie.*	

La 3e mixtion embrasse ainsi les 5e, 6e et 10e nomes et donne l'échelle suivante :

3e MIXTION.

QUATRIÈME RÈGLE.

178. — Nous avons vu (145) qu'un nome ne peut être formé de deux genres mixtes, en sorte que si le genre fondamental est mixte :

1° Le genre auxiliaire disjoint ne peut être que mineur.

2° Le genre auxiliaire conjoint ne peut être que majeur.

Quatrième Mixtion nomale.

GENRE FONDAMENTAL.	GENRES AUXILIAIRES.	
Ut mixte (1 altér. *lo* en desc.	*Sol* mineur....13e nome	(1 altération, *nie.*)
	Fa majeur....12e nome	

La 4e mixtion comprend donc les 12e et 13e nomes et donne l'échelle suivante :

4e MIXTION.

§ 3.

MIXTIONS MODALES.

179. — Les modes, n'étant qu'une manière plus facile de traduire et de chanter les nomes, ont pour but d'écarter toute note qui altère le nome type. Cependant nous avons vu que chacun des quatre modes irréguliers est affecté, en descendant, de l'altération *nie*. Il faut donc que la voix, pour chanter ces quatre modes, se fasse et s'habitue à l'inflexion de cette note *nie* entre *la* et *ut*.

Puisque les modes irréguliers forcent ainsi la voix à apprendre l'inflexion de la note *nie*, une fois l'habitude acquise, sa présence dans le chant n'est plus une difficulté. Dès lors nous pouvons, sans préjudice, l'admettre d'une manière générale, et voir à en tirer tout le parti possible, afin d'obtenir les mixtions modales.

Cela posé, nous disons que les mixtions modales doivent réunir les conditions suivantes :

1° Se diviser en quatre groupes dont les échelles correspondent, intervalle pour intervalle, à celles de chacune des mixtions nomales.

2° Chaque groupe ou mixtion doit se reposer sur une seule et même tonique fondamentale.

3° Chaque groupe doit former une seule échelle qui ne porte pour toute altération que la seule note *nie*.

Nous savons que les quatorze modes comptent six toniques fondamentales *ut*, *re*, *mi*, *sol*, *la*, *si*. La première et la seconde condition les réduisent à quatre et en éliminent deux que l'on peut remplacer par toute autre échelle semblable qui, sous la même tonique fondamentale que la mixtion, ne porte pour toute altération que la note *nie*.

180. — Première mixtion modale.

GENRE FONDAMENTAL.	GENRES AUXILIAIRES.		
Ut majeur (sans altération)....	*Sol* majeur....	1er mode	sans altération.
	Fa majeur....	2e nome	1 altération *nie*.
	Sol mineur....	7e nome	
	Sol mixte.....	11e mode	

Cette mixtion est absolument la première mixtion nomale; car le 2e mode *sol* majeur et *ut* majeur, ainsi que le 7e *sol* majeur et *re* mineur, ne pouvant, à cause de leur tonique fondamentale, faire partie de cette mixtion, s'y trouvent remplacés par leurs nomes au moyen de l'altération *nie*.

Son échelle sur la portée est semblable à celle de la 1re mixtion nomale.

1re MIXTION.

Deuxième Mixtion modale.

GENRE FONDAMENTAL.	GENRES AUXILIAIRES.	
Re mineur (sans altération)	*La* mineur........ 3e mode	sans altération.
	Sol majeur........ 8e mode	
	Sol min. remplace le 4e mode	1 altération continue.
	La synton. rempl. le 9e mode	
	Sol mixte......... 14e mode,	1 altération en descend.

Dans cette deuxième mixtion, le 4e mode *la* mineur et *re* mineur, et le 9e *la* mineur et *mi* syntonique, se trouvent remplacés au moyen de l'altération *nie*, savoir : le 4e, par *re* mineur et *sol* mineur; et le 9e, par *re* mineur et *la* syntonique. Cette deuxième mixtion donne donc l'échelle suivante :

2e MIXTION.

Troisième mixtion modale.

GENRE FONDAMENTAL.	GENRES AUXILIAIRES.	
Mi synton. (sans altération).	*Si* syntonique........ 5e mode	sans altération.
	La mineur...........10e mode	
	La synton. remplace le 6e mode	1 altération.

Dans cette troisième mixtion, le 6e mode se trouve remplacé, au moyen de l'altération *nie*, par *mi* et *la* syntoniques.

Nous aurons donc pour échelle de la troisième mixtion modale :

3e MIXTION. 

Quatrième Mixtion modale.

GENRE FONDAMENTAL.	GENRES AUXILIAIRES.	
Sol mixte (1 altér. en descend).	*Ut* majeur....12e mode *Re* mineur....13e mode	sans altération.

Cette quatrième mixtion donne l'échelle suivante :

4e MIXTION. 

181.—Nous venons de voir, d'une part, les quatorze nomes se réduire dans les quatre mixtions nomales ; de l'autre, les quatorze modes se réduire aussi, à l'aide de l'altération *nie*, dans les quatre mixtions modales. Ces diverses combinaisons embrassent tous les chants de la musique religieuse, comme de la musique moderne. Le plain-chant d'église, incompris jusqu'ici, et que l'on disait basé sur le seul genre diatonique, y trouve ses quatre genres majeur, mineur, syntonique et mixte.

Le chant d'église, par son importance, mérite un traité spécial. C'est pourquoi, nous nous réservons, en traitant de l'application des lois de cette nomothésie, de développer, dans un ouvrage ultérieur, les règles générales et particulières de ses divers attributs, de sa note finale, de ses altérations, de son mode additionnel, de ses diverses modulations, permutations et transitions ; de sa composition et enfin de son harmonie.

CHAPITRE ONZIÈME

INSTRUMENTATION.

182. — La voix est l'organe propre des sons. C'est avec elle que les lois musicales doivent être en parfaite concordance, (54) comme étant de tous les instruments musicaux le seul naturel, et incontestablement le plus beau : et, comme tout art doit être subordonné à la nature qu'il a pour but d'imiter, il s'ensuit que c'est à la voix et aux lois musicales que la coordination des instruments artificiels doit se soumettre.

La musique instrumentale est donc subordonnée à la musique vocale.

De cette subordination il semblerait résulter que les instruments musicaux dussent se prêter aux diapasons des différentes voix, quelles qu'en soient les nuances, et ces nuances sont infinies, car la même voix, si son étendue le lui permet, peut établir un chant non seulement sur chacun des douze demi-tons de l'octave, mais encore sur une multitude de nuances entre chacun de ces demi-tons.

Disons-le tout de suite. L'instrumentation n'a pas atteint ce degré de perfection, et très-probablement elle ne l'atteindra jamais.

Il a donc fallu que la voix fît de deux choses l'une : ou qu'elle renonçât à l'instrumentation, ou qu'elle transigeât avec elle. On a pris ce dernier parti.

Pour parvenir à cette transaction, on a cherché un terme moyen entre les diapasons des voix, et l'on a pris, pour diapason type, un son d'environ 440 vibrations par seconde de temps : ce son, étant à une tierce mineure au-dessous de la tonique *ut* de l'opéra français, se nomme *la*.

183. — En adoptant ce son type, la voix renonce, — mais seulement en faveur de l'instrumentation, — aux nuances si variées de son diapason, et s'impose, de concert avec les instruments, l'obligation de prendre pour tonique l'unisson de l'un des douze sons compris dans l'octave de l'*ut* d'opéra.

Ainsi l'on dit d'un instrument qu'il est dans telle ou telle tonique[1],

[1] Vulgairement, et par abréviation, on dit dans tel ou tel ton.

suivant celle de ses douze cordes avec laquelle sa propre tonique fait unisson.

Nous disons sa propre tonique, car dans l'instrumentation chacun des douze sons de l'octave porte un nom invariable.

Il n'en est pas de même de la voix : celle-ci possède seule la propriété d'être, si je puis m'exprimer ainsi, *pantonique*, c'est-à-dire la propriété de donner à tout son le nom d'*ut*, et d'en faire sa tonique naturelle[1].

Le tableau suivant, dans lequel nous plaçons le *la* du diapason comme type et unisson, fera connaître d'un coup-d'œil le son qui, dans l'octave d'opéra, correspond à la tonique *ut* de chaque instrument.

Nous nous bornerons aux exemples suivants :

				DIAPASON.			TONIQUE.					
Voix et instruments en UT ou d'opéra.				LA	nie	si	UT	mé	re	lo	mi	fa
				Unisson.								
Instruments	en si		LA	nie	si	UT	mé	re	lo	mi	fa	sym
	en nie	LA	nie	si	UT	mé	re	lo	mi	fa	sym	sol
	en lo			sym	sol	pho	LA	nie	si	UT	mé	re
	en mi			fa	sym	sol	pho	LA	nie	si	UT	mé

L'on voit, par ce tableau, que *la tonique naturelle* UT *d'un instrument est à la tonique* UT *d'opéra comme le* LA *de cet instrument est au* LA *diapason.*

C'est ainsi, par exemple, que l'*ut* de l'instrument en *nie*, dont le *la* est à un ton au-dessous du *la* diapason, correspond au *nie* d'opéra un ton au-dessous de l'*ut*.

184. — Il est donc clair que pour obtenir de ces instruments un même chant à l'unisson, chacun d'eux aura son échelle particulière ; en sorte que l'échelle type de l'opéra ayant pour tonique fondamentale UT, oblige chacun des autres instruments à donner au son de cet UT le nom qui lui correspond dans la ligne verticale du tableau ci-dessus.

[1] Dans les orgues et les pianos à claviers transpositeurs, on peut obtenir l'échelle en *ut* sur les douze sons de l'octave.

Prenons pour exemple le chant du 1er mode.

NOTATION PROPOSÉE.

NOTATION MODERNE.

Cette manière de réunir sous un même coup-d'œil les chants ou parties de plusieurs instruments se nomme *partition.*

Il y a donc dans cette partition une seule tonique naturelle pour l'instrument en *ut* ; et quatre toniques artificielles *mé, re, la, pho,* pour les instruments en *si*, en *nie*, en *lo* et en *mi*.

Il résulte ainsi des deux exemples ci-dessus que, prenant l'échelle de l'instrument en *ut* pour type, *la tonique artificielle d'un instrument et sa tonique naturelle sont entre elles à distance inverse de la tonique d'opéra.* Par exemple, dans l'instrument en *mi*, ce *mi* étant à une tierce-majeure au-dessus de la tonique *ut* d'opéra, la tonique artificielle *pho* est aussi à une tierce-majeure au-dessous de cette même tonique *ut.* Et il en est ainsi des autres instruments.

185. — La traduction d'un chant par une tonique artificielle s'appelle *transposition ;* ainsi dans la partition ci-dessus, il y a une seule échelle naturelle, et quatre échelles transposées.

Nous avons déjà parlé des toniques artificielles en traitant des modes ; (155) mais on ne saurait confondre la tonique artificielle de la transposition avec la tonique artificielle d'un mode, en ce que :

1° Dans le mode, on a pour but d'éviter et de faire disparaître de l'échelle les cinq notes *mé, lo, sym, pho, nie,* qui incombent aux divers genres et nomes.

Dans la transposition on accepte indistinctement toutes les notes prescrites par les genres et les nomes.

Prenons pour exemple le 5e nome, transposé en *mi* et en *re*.

NOTATION PROPOSÉE.

NOTATION MODERNE.

2° Dans le mode, il y a une simple mutation de noms et de signes. (150) La voix y conserve à sa tonique naturelle le même son, sous un nom et un signe d'emprunt.

Dans la transposition, au contraire, le son de la tonique artificielle d'un instrument est réellement ou plus grave ou plus aigu que celui de sa tonique naturelle *ut :*

3° Dans le mode, la tonique artificielle, par exemple, la tonique fondamentale LA ne peut servir que pour la traduction des 4e et 9e nomes.

Dans la transposition, ce même *la*, pris comme tonique, peut servir de base à la traduction des quatorze nomes.

Ceci nous conduit à une remarque de la plus grande importance.

186. — Une tonique fondamentale qui change de son, change même de propriété : car un même chant rendu par les sons graves d'une voix ne produit pas sur nous les mêmes impressions que s'il est rendu par les sons aigus. Aussi est-ce en vertu de cette propriété des sons que le compositeur, en inventant un chant, le transporte fort souvent, même pour l'instrument en *ut*, sur des toniques artificielles plus graves ou plus aiguës auxquelles il applique les nomes et les mouvements analogues aux sentiments qu'il veut exprimer[1].

Cette assise d'un chant, de la part du compositeur, sur une tonique artificielle, ne doit pas être considérée comme une simple mutation

[1] *La tristesse*, dit Rousseau, marche par temps égaux et lents, de même que par tons remistes et *bas ;* et *la joie* par temps sautillants et vites, de même que par tons *aigus* et intenses, (*Dict. de Mus*, art. RHYTHME.)

de noms et de signes; car si, dans le fait, elle ne diffère point de la transposition, elle en diffère du moins quant au fond.

La transposition est un acte de pure soumission d'un instrument à un autre, dans le seul but de s'y associer : la transmutation, — qu'on veuille bien me passer le mot, — est indépendante de tout instrument, de toute échelle d'opéra ou autres : elle a un but plus élevé, c'est celui de venir en aide au génie seul qui la comprend, et qui sait s'en faire un auxiliaire.

187. — L'on voit, au résumé, que la transposition résulte du défaut de *pantonisme* dans les instruments, et de la nécessité d'adopter un son type comme terme moyen et diapason commun. Or, la transposition d'un nome pouvant avoir lieu sur chacun des douze sons de l'octave, il s'en suit que tout instrument (non transpositeur) doit avoir douze toniques fondamentales différant entre elles par leurs sons, leurs noms et leurs signes, et assises sur une suite consécutive de demi-tons d'UT à *ut*. Et, puisque chaque tonique fondamentale produit quatorze nomes, il y aurait dans la musique instrumentale cent soixante-huit échelles différentes dont cent cinquante-quatre par transposition.

Mais à cause de la similitude apparente des 2ᵉ et 7ᵉ nomes, des 3ᵉ et 8ᵉ, des 4ᵉ et 9ᵉ, des 5ᵉ et 10ᵉ et enfin des 12 et 13ᵉ, les quatorze nomes se trouvent réduits, pour la notation, à neuf qui, multipliés par les douze toniques ou sons de l'octave, donneraient encore, malgré cette réduction, cent huit échelles différemment notées.

Il faut avouer que, si pour apprendre la musique instrumentale pratique et pour devenir bon, mais simple exécutant, il fallait, comme dans les méthodes usuelles, que les élèves eussent à tenir compte de toutes ces échelles, il est juste, disons-nous, d'avouer que cela ne serait guère propre à inspirer le goût des études musicales. Fort heureusement, même dût-on s'en tenir à l'ancienne méthode, que toutes ces échelles se réduisent par les mixtions presque au quart pour toutes les transpositions instrumentales; et au nombre de quatre, pour la voix et les instruments transpositeurs.

CHAPITRE DOUZIÈME

TEMPÉRAMENT.

§ 1er.

LE TEMPÉRAMENT DOIT RÉSULTER D'UNE LOI ET NON DU CALCUL.

188. — Les modernes définissent le tempérament une légère altération dans les intervalles[1].

La question du tempérament est sans contredit la plus scabreuse et la plus ardue de toutes celles qui peuvent se présenter en musique. Cette question dont les musiciens et les philosophes grecs ne purent trouver la solution, les divisa en deux sectes dont l'une eut pour chef Pythagore, et l'autre Aristoxêne. Le premier fixait les intervalles par le calcul et sans égard pour l'oreille; le second disait s'en tenir uniquement au jugement de l'oreille. « Dans la suite, Ptolémée et Dydime trouvant que ces deux philosophes avaient donné dans des excès également vicieux, consultèrent à la fois la raison et l'oreille. » Mais la question n'en resta pas moins sans solution.

Oubliée ou ignorée au commencement de notre ère et dans le moyen âge, elle fut, dès l'invention des instruments à clavier, reprise par les musiciens modernes qui, malgré leurs vives discussions, ne l'ont pas encore résolue; on pourrait même dire, qu'ils n'en ont pas encore posé les principes.

189. — Si le calcul seul pouvait tenir lieu de principes, la question serait depuis longtemps résolue. Le P. Mersenne, Rameau, d'Alembert, Rousseau et bien d'autres ont parfaitement calculé et ont donné sur le tempérament tous les éclaircissements désirables sous le rapport mathématique[2]; mais, ainsi que nous l'avons dit (42), la science mathématique n'entre pas dans la théorie musicale comme cause, mais

[1] Rousseau (*Dic. de Mus.*).

[2] « Les savants, nous voulons dire les mathématiciens et les harmonistes, ont fait, dit M. Hamel, beaucoup de recherches là-dessus : ils ont bien calculé et bien disserté. Ils ont ***imaginé plusieurs systèmes*** de tempérament; chacun a prétendu avoir trouvé le moins défectueux. » (*Manuel complet du Facteur d'orgues*).

seulement comme conséquence : elle ne saurait y créer ni rapports ni calculs; son seul droit, comme son seul mérite, est de constater les rapports numériques soit des vibrations, soit des longueurs des cordes.

190. — Si le tempérament existe, ce doit être en vertu d'une loi de la nature : autrement, ce ne peut être qu'une chose idéale et arbitraire. Dans le premier cas, tous les instruments doivent l'admettre ; aucun ne peut s'en dispenser sans être entaché d'un vice radical ; dans le second cas, tout instrument auquel on l'applique se trouve, par cela seul, empreint du même vice. Or, jusqu'ici, le tempérament n'a pas été admis comme l'effet d'une loi, mais comme une nécessité résultant de la manière d'être et de la constitution des instruments auxquels on est forcé de l'appliquer.

Cette nécessité, nous l'avons fait pressentir, par suite du tableau synoptique de tous les sons musicaux, à partir duquel nous avons supprimé toute distinction des tons et des demi-tons en majeurs et en mineurs.

Maintenant, il s'agit, pour nous qui faisons du tempérament une question de principes, de savoir si l'on doit rétablir cette distinction ou si l'on doit en maintenir la suppression.

191. — Nous prendrons pour point de départ le tableau du système général (134) des toniques *ut*, *fa* et *sol* sur la formation duquel nous croyons devoir entrer dans quelques explications.

Ce tableau est divisé en trois parties A, B, C.

— Dans la partie A, l'ont voit isolément l'échelle de chacune des trois toniques UT, *fa*, *sol*.

La plus basse de ces trois lignes contient les cordes mélodiques de l'octave d'UT, avec leurs n^os^ d'ordre et leurs intervalles consécutifs. Cette échelle a été poursuivie au-delà de son octave n° 1 qui, en vertu de la 4e loi musicale, devient tonique d'une échelle immédiatement supérieure.

La ligne du milieu comprend l'octacorde de la tonique auxiliaire *fa* assise sur la 3e corde mélodique de l'*ut* fondamental. Cette échelle est aussi poursuivie au-delà de son octave n° 1, devenue, à son tour, tonique auxiliaire dans l'octave supérieure.

La plus haute des trois lignes comprend l'octacorde de la tonique auxiliaire *sol*, assise sur la 2e mélodique d'UT et sur la 8e de *fa*. L'espace nous a encore permis de poursuivre cette échelle au-delà de son octave n° 1, jusqu'à sa 3e mélodique *ut*.

— La partie B comprend les dénominations syllabiques de toutes les cordes appartenant aux trois toniques UT, *fa* et *sol*. Ces diverses cordes qui, dans la partie A se trouvent placées sur la même ligne verticale, passent dans la partie B sous une seule et même dénomination. En sorte que le même nom pouvant s'appliquer à une, deux, ou même à trois différentes cordes, peut à son tour appartenir à une, deux, ou même à trois basses génératrices, ainsi que nous l'avons indiqué par les correspondances des trois basses fondamentales *Ut*, *fa* et *sol*, représentées par la partie C.

C'est ainsi, par exemple, que :

La tonique auxiliaire *sol*. . . . . } . . . . 0...
La 8ᵉ corde mélodique de la tonique *fa*. . } de la partie A 8.. ...
Et la 2ᵉ corde mélodique de la tonique *ut* } . . . . 2.. .. ...

Placées toutes les trois sur la même ligne verticale, et désignées dans la partie B sous le nom commun . . . . . *sol*

Ont pour basses génératrices dans la partie C . . . . . { *sol*. / *fa*.... / *ut*......

§ 2.

ANALYSES DU SYSTÈME GÉNÉRAL DES TROIS TONIQUES *ut*, *fa*, *sol*.

PREMIÈRE ANALYSE.

192.— Dans l'échelle mélodique de *sol*, — ligne supérieure, partie A — la tonique 0 et la 8ᵉ mélodique font entre elles l'intervalle $\frac{8}{9}$ ou le ton majeur.

Dans l'échelle mélodique de *fa*, — ligne du milieu, — les deux cordes correspondant aux deux ci-dessus, c'est-à-dire, la 8ᵉ et la 4ᵉ mélodiques de *fa* font entre elles l'intervalle $\frac{9}{10}$ ou le ton mineur.

Il suit de là que le son de la 8ᵉ corde mélodique de *sol*, et celui de la 4ᵉ corde mélodique de *fa* ne sont pas identiques, bien que ces deux cordes portent un même nom *La*. Car le *la* de l'échelle de *sol* est évidemment plus éloigné de ce *sol* d'un comma, $\frac{80}{81}$ que ne l'est du même *sol* le *la* correspondant de l'échelle de *fa*.

Par la même raison, le demi-ton moyen $\frac{128}{135}$ étant aussi plus grand d'un comma que le demi-ton mineur $\frac{24}{25}$, il en résulte que le *la*, 8ᵉ mélodique de *sol*, se trouve plus éloigné d'un comma de la note *pho*, que ne l'est du même *pho* le *la* correspondant, ou 4ᵉ mélodique de la tonique *fa*.

DEUXIÈME ANALYSE.

193. — Les 15e et 5e mélodiques de *sol*, c'est-à-dire *pho* et *nie*, font entre eux l'intervalle $\frac{8}{9}$, ton majeur; et les 5e et 3e mélodiques *nie* et *ut*, l'intervalle $\frac{9}{10}$ ton mineur.

Dans l'échelle de *fa* les cordes correspondantes 3e et 5e mélodiques *pho* et *nie* d'un côté, font entre eux l'intervalle $\frac{9}{10}$ ton mineur, tandis que les 3e et 2e *nie* et *ut* donnent l'intervalle $\frac{8}{9}$ ton majeur.

Le son *nie* est donc plus élevé et plus aigu de la valeur d'un comma dans l'échelle de *sol* que dans l'échelle de *fa*.

Tout ceci complique subitement et singulièrement la constitution de l'échelle mélo-symphonique : et cependant là ne se bornent pas les difficultés que présentent les analyses de ce tableau ; car, si les complications que nous venons d'énumérer semblent provenir de la réunion des échelles de *sol* et de *fa*, et de l'application d'un même nom à des cordes différentes, d'autres difficultés résultent encore de l'analyse isolée de l'échelle d'une seule tonique.

TROISIÈME ANALYSE.

194. — Prenons par exemple pour l'analyser à part l'échelle donnée par l'octacorde d'*ut* (129). Et même, pour plus de facilité, isolons chacune des échelles majeure et mineure telles que les deux hexacordes (89).

Dans ces deux hexacordes les 8e et 3e mélodiques *re* et *fa* donnent un intervalle non mélodique $\frac{27}{32}$ plus petit d'un comma que la tierce mineure ^{5}.

Mais voudrait-on obvier à cela en remplaçant le 8e son mélodique par le 9e, qui fait sur le 3e, sur *fa*, l'intervalle $\frac{5}{6}$ tierce mineure, il arriverait que pour obtenir cette tierce mineure, on aurait du *re* au *sol* un intervalle $\frac{20}{27}$ plus grand d'un comma que la quarte $\frac{3}{4}$. En sorte que chercher à remplacer le 8e son mélodique par le 9e ce serait éviter un écueil pour s'exposer à un autre.

Remarquons que le nombre de ces complications et de ces difficultés devient triple en ce que les échelles de *sol* et de *fa* se trouvent absolument dans les mêmes cas et dans les mêmes conditions que l'échelle d'*ut*.

Il résulte de tout cela, que la théorie et la pratique de la musique se trouvent inscrites dans un cercle d'autant plus ténébreux que les écueils dont elles sont entourées paraissent ne pouvoir s'aplanir qu'en laissant surgir à leur place de nouvelles complications d'un ordre plus complexe et tout aussi infranchissable.

195. — En présence d'un pareil état de choses, nous sommes forcés d'admettre l'un des cas suivants :

Premier cas : Ou il appartient à la voix d'anéantir toutes ces difficultés toutes les fois qu'elles se présentent, c'est-à-dire qu'elle doit pouvoir à volonté ajouter le comma au ton mineur pour en faire un ton majeur, et réciproquement ; le retrancher du ton majeur pour le rendre mineur et inversement ; l'ajouter au demi-ton majeur et au demi-ton mineur pour en faire un ton majeur ; et en un mot, elle doit pouvoir se prêter et se conformer à toutes les exigences des 6e et 7e lois musicales.

Dans ce cas, ce serait uniquement l'affaire du musicien exécutant de son oreille et de sa voix.

Deuxième cas : Ou la nature nous a induits en erreur, en nous donnant de fausses indications dans les phénomènes de la résonnance multiple dont nous avons vu découler les lois musicales.

Dans ce cas, la nature semblerait en contradiction avec elle-même.

Troisième cas : Ou enfin les rapports numériques de la résonnance admis jusqu'ici par les physiciens et les musiciens ne sont pas les vrais rapports de la nature.

Dans ce dernier cas, il faudrait de nouveau interroger la nature qui, par des exemples échappés à nos devanciers, doit nous démontrer, par l'évidence, l'inexactitude des rapports admis ; et nous fournir les moyens de rendre à la théorie et à la pratique musicale cette simplicité et cette unité qui constituent l'harmonie universelle.

L'un de ces trois cas ayant nécessairement lieu, nous allons faire de chacun d'eux l'objet d'une question particulière.

§ 3.

PREMIÈRE QUESTION.

Appartient-il à la voix de rendre exactement et à volonté les tons et les demi-tons tant majeurs que mineurs ?

A cela nous répondrons :

196. — On ne parvient pas toujours à imiter ce que l'on connaît ; l'on parvient encore moins à imiter ce que l'on ne connaît pas.

Or, pour connaître ces intervalles il faut pouvoir les apprécier d'une manière exacte.

L'intervalle musical est soumis à deux sortes d'appréciation, l'une mathématique, l'autre acoustique.

La première consiste à déterminer la différence numérique soit des vibrations de deux sons, soit des longueurs des deux cordes qui les produisent et qui constituent l'intervalle; par la seconde, l'oreille est fixée sur le degré de gravité et d'acuité relatives des deux sons.

Si d'un côté l'appréciation mathématique est utile, d'un autre côté la sanction de l'oreille est indispensable.

Il y a pour l'oreille deux moyens d'apprécier les intervalles. Le premier nous donne, par l'audition simultanée des sons, la connaissance exacte des cinq intervalles mélodiques consonnants.

Le second nous procure, mais seulement par induction, une connaissance des intervalles dissonants sur lesquels l'oreille n'a aucune prise directe, et qu'elle ne peut apprécier que d'une manière approximative et imparfaite (74).

Or, ces intervalles dissonants que nous ne pouvons apprécier qu'imparfaitement sont précisément les tons et les demi-tons majeurs et mineurs qui font l'objet de cette question.

Ainsi, en admettant qu'il soit donné à la voix ou à tout autre instrument de produire les intervalles dissonants avec la plus rigoureuse exactitude, qui le saura? et comment le saurait-on?

Ce ne pourrait être par aucun des deux moyens que nous venons de citer; et nous serions bien aise que quelqu'un voulût bien indiquer par un troisième moyen déjà connu l'appréciation exacte des intervalles dissonants.

Quelles que soient donc l'aptitude et la disposition de l'organe vocal à produire les diverses espèces d'intervalles, dès que l'oreille ne peut les apprécier, cette aptitude devient nulle et sans effet.

Par suite, la production de l'intervalle musical étant le résultat d'une cause composée, c'est-à-dire du concours simultané de l'oreille et de la voix, il ne saurait être donné à la voix de rendre *avec exactitude et précision* des intervalles dissonants que l'oreille ne peut apprécier *qu'imparfaitement.*

Tel est le cas dans lequel se trouvent les tons et les demi-tons majeurs et mineurs. Donc, *il n'appartient pas à la voix de rendre exactement et à volonté les tons et les demi-tons tant majeurs que mineurs.*

§ 4.

DEUXIÈME QUESTION.

La nature nous aurait-elle induits en erreur, en nous donnant, par la résonnance multiple, de fausses indications ?

RÉPONSE.

197. — Quand on considère cette admirable concordance des lois universelles, il devient impossible d'admettre que les sons soient régis par des lois en opposition avec celles de notre constitution.

Malgré cette impossibilité supposée, il est bon de vérifier, de s'assurer s'il y a ou non erreur ; pourquoi il y aurait erreur ; comment et de qui peut provenir l'erreur ?

La musique moderne se dit basée sur la nature : en théorie, comme en pratique, elle admet la distinction des tons et des demi-tons en majeurs et en mineurs.

Mais alors il en résulterait que la nature, en ordonnant la pratique de ces tons et demi-tons dont elle a refusé l'appréciation à l'oreille, se trouverait en contradiction avec elle-même, en ordonnant une chose physiquement impossible.

Quelles preuves les musiciens modernes nous ont-ils données de l'exactitude des rapports par eux admis dans le phénomène de la résonnance ?

Aucune. — Et d'Alembert lui-même nous dit que ces rapports tels que l'expérience a pu les faire connaître ne sauraient être que des *à peu près*. Dès lors, la nature est ici hors de cause.

Cependant, pourra-t-on objecter, les musiciens modernes prétendent qu'on ne saurait, sans faire preuve d'une profonde ignorance, confondre, même dans la pratique, le ton majeur avec le ton mineur, le demi-ton majeur avec le demi-ton mineur.

Cela équivaut à dire qu'ils prétendent distinguer, apprécier et rendre ces intervalles avec la plus rigoureuse exactitude.

Puisqu'il en est ainsi, nous allons examiner et leurs raisons et leurs moyens d'exécution.

198. — Les raisons qui servent de base à la constitution de l'échelle musicale des modernes sont les suivantes :

Ayant trouvé toute faite, chez leurs devanciers, une échelle de huit sons qui ne pouvaient être engendrés par une seule basse génératrice, ils ont imaginé diverses progressions de *quintes*, de *tierces*, de *quintes* et *tierces* etc., dont ils ont fait arbitrairement autant de toniques. *(Elém. de Mus.)*

C'est ainsi que, par la progression de trois quintes *fa*, *ut*, *sol*, devenues toniques (qu'il ne faut pas confondre avec *ut*, *fa*, *sol*), ils ont cru justifier 1° l'échelle de huit sons dite du genre *diatonique*; 2° le demi-ton majeur $\frac{15}{16}$ qu'ils nomment par cette raison demi-ton *diatonique*.

La progression de deux tierces prises aussi comme toniques leur donne le demi-ton mineur, qu'ils appellent *chromatique*, et qui constitue pour eux le genre de ce nom.

D'une troisième tierce ajoutée comme tonique aux deux précédentes, et toujours arbitrairement, naît leur genre dit *enharmonique*; et de plus un intervalle $\frac{128}{135}$ qu'ils appellent *quart de ton enharmonique*.

Si la progression leur donne deux demi-tons majeurs consécutifs, cela s'appelle genre *diatonique-enharmonique*.

Le genre prend le nom de *chromatique-enharmonique*, si la progression leur donne des demi-tons mineurs consécutifs.

Enfin, comme dans le système moderne chaque tonique n'engendre que la 8ᵉ, la 12ᵉ et la 17ᵉ majeure dont les deux dernières se convertissent, on ne sait en vertu de quoi, en 5ᵉ et en 3ᵉ ils ont tant pris de toniques à la source inépuisable des progressions, qu'ils ont une multitude de demi-tons appelés tantôt dièses et tantôt bémols et même des tons entiers qu'ils désignent par doubles dièses et doubles bémols.

Dans tout cela on ne voit que confusion et logomachie créées comme à plaisir et pas une seule raison.

Passons donc à leurs moyens d'exécution.

199. — Je me suis avisé de demander à un musicien :

— Pensez-vous rendre exactement, par exemple sur le violon, les tons et les demi-tons majeurs et mineurs ?

— Si je le pense!... me répondit-il; j'en ai la conviction.

— Mais alors, repris-je, quel moyen avez-vous d'apprécier le comma majeur $\frac{80}{81}$, différence du ton majeur au ton mineur; et ce que vous appelez quart de ton enharmonique $\frac{125}{128}$, différence du demi-ton majeur au demi-ton mineur ?

— L'oreille (et je crois pouvoir me fier à la mienne), réunie à mon instinct musical, j'ai ainsi deux guides sûrs et infaillibles (*sic*).

— Comment donc vous y prenez-vous ?

— Chacune des cordes du violon pouvant passer par des milliers d'intervalles, par les moindres nuances dans les limites de son diapason, il me suffit d'y placer le doigt *un tant soit peu* en plus ou en moins de l'intervalle ordinaire, pour obtenir les intervalles soit majeurs, soit mineurs et même les commas.

Un tant soit peu !!!

Sérieusement, j'en appelle ici au bon sens et à la bonne foi du lecteur, qu'il soit ou non musicien. Le ton majeur et le ton mineur sont tels que le premier fait 80 vibrations pendant que le second en fait 81.

Soit donc, comme exemple analogue, une corde ayant de longueur 161 parties, soit millimètres, soit toute autre unité.

Si quelqu'un vous disait : Je puis, à volonté et sans jamais faire erreur, diviser cette corde, à vue d'œil et sans tâtonnement, soit en deux parties telles que l'une ait 80 et l'autre 81 millimètres précis et sans fraction ; soit en deux parties, chacune de 80 millimètres et $\frac{1}{2}$.

Ne diriez-vous pas à celui qui vous tiendrait un pareil langage, que cherchant à vous tromper, il ne trompe que lui-même ?

Tout praticien connaisseur et loyal avouera que si dans l'exécution d'un chant, il pense faire les intervalles dissonants *à peu près justes*, c'est parce que rien en ce moment ne vient lui prouver qu'ils ne le sont pas.

200.—En résumé : Il n'est pas prouvé que les rapports admis par les musiciens dans la résonnance soient les vrais rapports de la nature. Il n'est donc pas prouvé qu'elle nous ait induits en erreur, ni qu'elle nous ait indiqué comme exacts des intervalles dont elle ait refusé à l'oreille l'appréciation exacte. C'est donc plutôt à notre ignorance qu'à la nature à subir ici une accusation qui nous rejette dans le troisième cas.

§ 5.

TROISIÈME QUESTION.

Les rapports numériques de la résonnance, admis jusqu'ici par les physiciens et les musiciens sont-ils, ou non les vrais rapports de la nature ?

RÉPONSE.

201. — La découverte des sons concomitants dans la résonnance, et la connaissance de leurs rapports remontent à une époque fort reculée. Constatés d'âge en âge, ces sons ont été reconnus appartenir aux

parties aliquotes $\frac{1}{2}$, $\frac{1}{3}$, $\frac{1}{4}$ etc., et adoptés par les physiciens comme une loi de la nature.

« Ces rapports, dit d'Alembert, ne sont peut-être pas les vrais rap-
« ports de la nature, mais seulement des rapports approchés. »

Après l'émission d'un pareil doute de la part d'un d'Alembert on pourrait croire que cet homme célèbre recourut à de nouvelles observations. Il n'en fit rien. Il ne chercha même pas dans les expériences connues de son temps les déductions et les conséquences qui pouvaient l'éclairer.

Il semblerait même qu'il voulût barrer, pour toujours, de ce côté la voie des découvertes à ceux qui, après lui, seraient tentés de s'y frayer un passage. Car, disait-il, « si ces rapports ne sont pas tels que
« nous les avons supposés, du moins, aucune expérience *ne peut*
« *prouver* qu'ils ne le sont pas. »

A chaque siècle ses lumières, ses progrès et ses découvertes. Cette vérité survit aux plus grands hommes. Et l'illustre d'Alembert donne lieu ici de lui appliquer ses propres paroles : « C'est une nouvelle
« preuve, disait-il, des écarts où peuvent tomber des hommes de gé-
« nie, lorsqu'ils parlent de ce qu'ils ignorent. » Car l'expérience va nous prouver que les rapports admis ne sont et ne peuvent être que des rapports très-approximatifs.

202. — Les physiciens admettent qu'une corde sonore, tout en vibrant dans toute son étendue, exécute encore des vibrations partielles ayant des centres d'ébranlement particuliers, séparés par des points de section, ou comme ils le disent, ayant des ventres et des nœuds.

Pour appuyer cette assertion, ils citent assez ordinairement l'expérience des petits cavaliers en papier dont nous avons parlé (44).

Dans cette expérience, si l'on fait résonner dans une corde par exemple le 7e son harmonique $\frac{1}{8}$, cette corde se forme aussitôt en une suite de huit fuseaux égaux séparés les uns des autres par sept nœuds ou points immobiles.

Or, ces points fixes ne sauraient être considérés dans cette corde comme des points mathématiques et sans étendue : ce sont là des points physiques, des points réels ayant chacun une dimension au moins égale à la grosseur de la corde.

La portion vibrante ou fraction de corde qui rend le 7e son harmonique est donc moindre que la huitième partie exacte de la corde entière, puisque dans l'état la corde entière aurait pour longueur huit fois cette portion vibrante, plus sept fois sa grosseur.

Si les choses se passent ainsi dans la résonnance, c'est-à-dire si une corde pour produire les sons concomitants, se divise en un système de portions vibrantes et de surfaces nodales, il doit en résulter : 1° que les rapports admis des aliquotes de la résonnance sont exacts en ce qui concerne les longueurs des cordes considérées *géométriquement.* 2° Mais que ces mêmes rapports sont inexacts et seulement très-rapprochés en ce qui concerne les vibrations et les parties réellement vibrantes de ces mêmes cordes.

Nous disons si les choses se passent ainsi, car nous ne prétendons pas établir que cela est : nous nous bornons seulement à déduire l'une des conséquences d'une expérience connue depuis 1673 et citée de nos jours par les physiciens.

§ 6.

TEMPÉRAMENT NATUREL.

203. — Nous avons vu (40) que l'accord de deux sons est altéré s'il est accompagné de battements; mais qu'il est de la plus grande justesse s'il n'en laisse percevoir aucun.

Cela posé, nous disons que la nature nous présente tous les jours, et presque en tout lieu, un fait auquel jusqu'ici nul n'a daigné s'arrêter, bien qu'il soit d'une importance majeure, nous dirons même le fait capital dans la question qui nous occupe. Ce fait, le voici :

Les sons simultanés de la résonnance sont toujours accompagnés de battements que l'on distingue parfaitement.

Ce sont ces battements de la résonnance qui constituent le *tempérament naturel.*

Ce fait d'une vérification facile et à la portée de tous, puisqu'il a lieu dans la résonnance des cloches, cordes, etc., est la preuve la plus évidente de l'altération de l'accord naturel, et cependant, nous le répétons, il avait jusqu'ici passé inaperçu, ou du moins nous n'avons pas su qu'il ait été enregistré.

Que la cause de cette altération des sons de la résonnance soit ou ne soit pas analogue à la conséquence que nous avons déduite de l'expérience de Noble et Pigot, cela nous importe peu, et nous n'avons pas à nous en occuper ; car toutes les expériences, tous les calculs relatifs aux sons doivent se soumettre en dernière analyse au jugement de l'oreille (70). Or, la présence des battements dans la résonnance est d'une évidence et d'une généralité telles, qu'elle ne peut tomber dans le domaine de la négation.

Ces battements seuls prouvent l'altération de l'accord naturel, et par conséquent l'inexactitude des rapports admis pour les vibrations des sons de la résonnance. Dès lors le doute émis par d'Alembert se convertit en cette certitude : *Les rapports admis pour les sons simultanés de la résonnance ne sont pas les vrais rapports de la nature, mais seulement des rapports très-rapprochés.*

§ 7.

CONSÉQUENCES DU TEMPÉRAMENT NATUREL.

204. — Maintenant que nous avons constaté l'inexactitude des rapports admis par les sons de la résonnance; maintenant que nous avons démontré l'altération de ces sons, et le tempérament naturel comme un fait constant, comme une loi de la nature; voyons à tirer parti de cette découverte, et à en faire l'application, pour rendre à la théorie et à la pratique musicale cette unité et cette simplicité dont la nature pare toutes ses œuvres.

De cette altération de l'accord naturel, résulte nécessairement par imitation celle des intervalles musicaux, et par conséquent l'application de ce tempérament à tous les instruments de musique sans exception. Aucun d'eux ne peut s'en dispenser, ainsi que nous l'avons déjà dit, sans être entaché d'un vice radical.

L'on pourrait nous opposer ici une foule d'objections dont nous mentionnerons seulement les suivantes.

PREMIÈRE OBJECTION.

« Comment ! nous diront peut-être quelques théoriciens modernes, vous, qui n'aviez nulle prétention de réformer la musique (52), vous venez maintenant et subitement y opérer toute une révolution.

Les instruments, qui hier encore étaient entachés de vice, deviennent aujourd'hui les plus parfaits ; et *vice versâ.*

Vous détruisez d'un seul coup les genres diatoniques, chromatiques, enharmoniques, diatoniques-enharmoniques, chromatiques-enharmoniques etc. »

205. — A tout cela nous répondrons ce que nous avons déjà dit au commencement de ce 2e livre.

La nature est et doit être notre seul guide dans la recherche des lois et des attributs musicaux : c'est donc elle seule que nous devons consulter.

Or, elle ne nous a pas laissé le choix des exemples.

Le seul fait relatif aux intervalles des sons qu'elle présente à nos observations est celui de la résonnance. Pour chacun de nous, il s'agissait donc de bien analyser cette résonnance et d'en déduire les plus minutieuses comme les plus rigoureuses conséquences.

Si donc, tout en rendant à une multitude d'instruments jusqu'ici s disparates, cette simplicité et cette unité qui leur manquaient, le tempérament résultant de cette résonnance a encore pour effet de détruire une foule de difficultés inextricables, et d'anéantir du même coup toutes ces théories si confuses qu'il a plu à nos musiciens modernes de construire, l'on conviendra du moins que la nature seule a porté le coup, et qu'elle seule en a tout le mérite comme toute la responsabilité.

DEUXIÈME OBJECTION.

« Le tempérament a pour but de fausser les intervalles ; l'oreille en souffre et se voit obligée à des concessions révoltantes. (Méthode du méloplaste, par Ph. de Geslin, pages 229 et 230). »

RÉPONSE.

206.—L'intervalle tempéré n'est pas plus un intervalle faux, que le polygone dont on connaît le nombre des côtés n'est un cercle.

En effet, dans le tempérament naturel des sons de la résonnance, les battements sont assez rapides pour permettre de constater avec précision l'altération de l'accord ; et pas assez pour choquer l'oreille la plus délicate.

Aussi, malgré cette altération évidente, les sons concomitants de la résonnance ont reçu, dit-on, le nom d'harmoniques à cause de la sensation agréable qu'ils produisent.

Le tempérament, dans son application aux instruments musicaux, doit être, autant que possible, l'imitation du tempérament naturel.

L'instrument bien tempéré des Herz et des Thalberg, ou celui des Fétis, des Danjou, des Lefébure, force-t-il l'oreille à des concessions révoltantes?

Une telle objection ne pourrait être prise au sérieux, si elle n'était consignée dans plusieurs auteurs.

Nous dirons donc à ceux dont l'oreille se dit offensée d'une telle altération, ou qu'ils cherchent à en imposer, ou qu'ils ont dans l'organe auditif soit un vice d'organisation, soit une atrophie quelconque.

TROISIÈME OBJECTION.

En supprimant les tons et les demi-tons majeurs et mineurs, vous supposez, vous adoptez arbitrairement les tons et les demi-tons égaux que vous avouez vous-même ne pouvoir apprécier exactement.

Cette objection est l'une des plus spécieuses que l'on puisse opposer au tempérament dans son application la plus générale.

Aussi pour plus de clarté, nous allons diviser notre réponse.

1° En supprimant les tons et les demi-tons majeurs et mineurs...

RÉPONSE.

207. — On ne peut supprimer ce qui n'existe pas.

Les mots *majeur*, *mineur*, *égal* et *moyen*, appliqués aux tons et aux demi-tons, sont pour l'oreille des mots sans valeur; des superfluités dont elle n'a que faire. Car le *mot* ne constitue pas plus la *chose* que l'idée ne constitue l'action.

Ainsi, en ce qui concerne la *chose*, l'oreille ne peut supprimer ces intervalles majeurs et mineurs (ton et demi-ton), ne les ayant jamais connus, étant incapable de les apprécier comme tels.

Quant aux *mots*, leur emploi dans le passé, et leur suppression à l'avenir, seraient tout un si cette suppression n'entraînait aussi celle de bien grandes difficultés (192, 193 et 194).

Il ne peut donc appartenir à un musicien connaisseur et de bonne foi, de dire qu'il trouve facile de faire, dans l'exécution d'un chant, les tons et les demi-tons soit majeurs, soit mineurs, soit moyens ou égaux à volonté.

Pour preuve de ce que nous avançons, il nous suffira de citer cette seule contradiction d'un auteur moderne.

« Mais le comma existe-t-il réellement? comment l'a-t-on reconnu?
« quelle est la voix qui osera s'assurer d'en faire l'expérience? »

Remarquons bien que le tempérament a pour but de répartir entre les tons majeurs et mineurs ce tout petit intervalle, ce comma donné par le calcul, et que ce musicien ne sait comment reconnaître; que son oreille par conséquent n'a jamais connu; que sa voix, que nulle voix, même de son aveu, n'oserait soumettre à l'expérience.

C'est pourtant ce même musicien qui a osé dire tout à l'heure que le tempérament fausse les intervalles, et force l'oreille à des concessions révoltantes.

2° Vous supposez...

RÉPONSE.

208. — Nous pouvons supposer les tons égaux et de même grandeur, ainsi que les demi-tons; la chose est on ne peut plus facile. Quant à les faire réellement égaux, nous ne pouvons, nous, rien imaginer de plus difficile que de comprendre la chose si facile pour d'autres.

Nous le répétons : le seul moyen soit d'apprécier, soit d'altérer rigoureusement et physiquement un intervalle est de recourir à la simultanéité de ses sons, et aux battements qui en résultent.

Si donc, deux sons ne peuvent être exactement appréciés simultanément, ils ne peuvent l'être à plus forte raison étant entendus successivement (39).

Or, dans l'appréciation de l'intervalle dissonant (ton et demi-ton), l'oreille ne peut recourir à la simultanéité (74). C'est seulement à l'audition successive des deux sons sur un instrument bien accordé, et aidé de la pratique que l'oreille et la voix se fixent sur la valeur, non pas exacte, mais toujours approximative du ton et du demi-ton.

3° Vous adoptez arbitrairement...

RÉPONSE.

209. — Pour ce qui est du reproche d'arbitraire, la nature seule en est responsable; puisque elle seule, en nous donnant les modes pour traduire les nomes, nous autorise à chanter, par exemple, le ton *ut-re*, par les tons *re-mi*, *sol-la*, *la-si;* le demi-ton *ut-mé*, par *si-ut*, *mi-fa;* et ainsi des autres tons et demi-tons. C'est donc elle-même qui, en établissant ainsi dans les modes les tons comme égaux, ainsi que les demi-tons, nous force à les supposer et à les accepter comme tels.

C'est aussi pourquoi, en traitant bientôt de l'application du tempérament, nous aurons pour double but d'imiter les battements de la résonnance, et d'obtenir dans les intervalles cette égalité dont la nature nous donne l'exemple.

CHAPITRE TREIZIÈME

APPLICATION DU TEMPÉRAMENT.

§ 1er.

210. — Le tempérament naturel ou l'altération des sons de la résonnance est une loi de la nature. La conséquence qui en découle est d'obtenir par imitation l'altération des intervalles, non pour quelques instruments de musique, comme on le pense communément, mais pour tous indistinctement. Du reste, cette altération des intervalles musicaux est encore basée sur une autre loi tout aussi naturelle que la première ; c'est l'impossibilité, que nous avons signalée, d'apprécier et de rendre exactement les tons et les demi-tons majeurs et mineurs. Parmi les nombreux savants et musiciens qui, avant nous, ont signalé cette seconde loi et ses conséquences, nous citerons seulement les trois suivants :

« Quelle est l'oreille assez fine, et la main assez juste pour distin-
« guer et toucher à volonté un ton majeur et un ton mineur [1]. »

« Tout son que la voix ne peut exécuter ou que l'oreille ne peut
« apprécier doit être rejeté en dehors de l'usage et de la pratique du
« chant [2]. »

« Quelques personnes sont disposées à croire que le tempérament
« n'existe que pour quelques instruments à sons fixes. Mais... chaque
« bon chanteur, chaque bon joueur d'un instrument quelconque tem-
« père sans le savoir [3]. »

[1] *Dict. de Musique*, art. Sons harmoniques.

[2] *Notices et extraits*, page 21.

[3] *Traité d'Acoustique*, par Chladni, p. 33, paragr. 22.

En présence de ces deux lois on est forcé de conclure que chercher à obtenir dans un instrument les tons majeurs et mineurs, c'est chercher à rendre cet instrument radicalement vicieux.

211. — Appliquée jusqu'ici à quelques instruments, la pratique du tempérament n'est pas une chose nouvelle. Aussi a-t-elle été décrite et publiée par tant d'auteurs que nous eussions eu peu de chose à en dire, si tous l'avaient comprise et traitée comme l'ont fait de nos jours M. Montal [1] et M. Hamel [2], si même, à l'imitation de ces deux auteurs, la plupart s'étaient contentés de donner pour limites à leurs écrits celles de leur conscience et de leur savoir [3].

Mais comme la pratique du tempérament découle nécessairement des principes établis dans le chapitre précédent, nous croyons d'autant plus devoir la développer et en donner la description que l'accord de certains instruments est tellement sujet à varier, qu'il exposerait fort souvent le musicien, à défaut d'accordeur, ou à se voir privé de son instrument, ou à se servir d'un instrument faux, ou, ce qui pis est, à le fausser lui-même en suivant certains conseils.

§ 2.

DE LA RÉPARTITION DES SONS MUSICAUX.

212. — On a donné le nom de partition (*répartition* nous semble plus correct) à la manière d'altérer et de répartir convenablement les intervalles musicaux.

Deux sortes de tempérament ont été admises jusqu'ici, et ont donné

[1] Dans un ouvrage intitulé l'*Art d'accorder soi-même son piano*, M. Montal, cet homme prodige (il est aveugle), ne se borne pas à développer le mécanisme de la répartition et de l'accord. A des notions d'acoustique clairement exprimées, il joint encore de grands détails sur la manière de faire les diverses réparations que nécessite cet instrument. Le livre de M. Montal est précieux pour tout pianiste qui habite la campagne.

[2] La facture de l'orgue, de ce majestueux instrument, si grand dans ses proportions, immense dans ses détails, et que Dom Bedos de Celles avait traitée d'une manière si grandiose dans un ouvrage devenu extrêmement rare, semblait, à cause même de la grandeur de son objet, ne pouvoir se prêter à une nouvelle publication. Grâce à M. Hamel, l'art du facteur d'orgues compte aujourd'hui son manuel complet dans le catalogue de l'encyclopédie Roret.

[3] Croirait-on que l'on ait poussé la hardiesse jusqu'à publier, les uns que l'on pouvait obtenir, sans tempérer, les 12 demi-tons égaux de l'octave ; les autres que l'on devait tempérer par les quintes faibles et les quartes justes ; et enfin d'autres encore qu'il fallait établir les quartes et les quintes justes?

lieu à bien des discussions. L'une, appelée tempérament inégal, consiste à faire les intervalles, portant même nom, plus faibles ou plus forts les uns que les autres ; l'autre, dite tempérament égal, a pour but de tempérer également tous les intervalles d'un même nom.

Nous avons déjà fait connaître les raisons qui militent en faveur de l'égalité des intervalles. Une autre raison, c'est la transposition de la tonique fondamentale et, par conséquent, des divers nomes sur chacun des douze sons de l'octave. Cette transposition, que quelques-uns ont donnée comme une raison d'admettre le tempérament inégal, nous semble, au contraire, celle qui ne l'admet pas et qui réclame impérieusement le tempérament égal. En effet, transposer un nome, c'est le rendre plus grave ou plus aigu, en transportant sa tonique sur un autre degré de l'échelle, et sans rien changer à ses intervalles ni à sa constitution. Les douze transpositions d'un nome sont donc douze échelles parfaitement semblables, quant à la forme, et ne différant que par leur degré de gravité ou d'acuité. Il est clair que de pareilles transpositions ne peuvent avoir lieu qu'au moyen du tempérament égal qui devient ainsi l'objet de nos recherches, et le seul dont nous ayons à nous occuper.

213. — Nous avons vu (72), 1° que les intervalles consonnants seuls peuvent être rigoureusement déterminés, encore ne peuvent-ils l'être qu'à l'audition simultanée de leurs sons ; 2° que les intervalles dissonants, ne pouvant être appréciés en eux-mêmes, résultent, par induction, de deux intervalles consonnants dont ils forment la différence ou le complément. C'est donc sur les intervalles consonnants que repose la répartition des sons musicaux.

Il suit aussi de là que pour déterminer exactement les consonnants, il faut nécessairement un instrument qui puisse produire des sons simultanés, tel que le piano ou l'orgue. Nous prendrons pour type l'un ou l'autre de ces instruments, préférant toutefois l'orgue, parce que ses sons se soutiennent mieux et peuvent se prolonger indéfiniment et à volonté, et que les battements qui annoncent l'altération s'y distinguent mieux.

Car, ainsi qu'on l'a vu, quand l'accord de deux sons formant une consonnance ne laisse percevoir aucun battement, cet accord est de la plus grande justesse ; et, par contre, un accord est altéré quand il est accompagné de battements. Pour bien opérer la répartition des intervalles et les apprécier avec la plus grande exactitude, il faut donc bien distinguer les battements, savoir les produire et les supprimer à volonté.

Altérer un intervalle juste, c'est le rendre plus fort ou plus faible, l'agrandir ou le diminuer. Pour cela il suffit de hausser ou d'abaisser l'un de ses deux sons ; en sorte qu'un intervalle juste et sans battements, par exemple, une quinte *ut-sol* peut être altérée de quatre manières différentes :

1° En haussant le son grave *ut*, la quinte devient faible ;

2° En baissant le même son *ut*, la quinte devient forte ;

3° En haussant le son aigu *sol*, on rend la quinte forte ;

4° En baissant le même son *sol*, on affaiblit la quinte.

Dans chacun de ces cas, pour peu que l'on modifie l'un des deux sons, on obtient des battements, et ils deviendront d'autant plus fréquents et plus rapides que l'altération deviendra plus grande.

214. — Les battements qui se distinguent le plus facilement dans les sons concomitants de la résonnance, sont ordinairement ceux de la quinte ; ce qui prouve bien qu'elle y est altérée.

Mais comme une consonnance altérée donne des battements, qu'elle soit forte ou qu'elle soit faible, il nous reste à connaître dans lequel de ces deux cas se trouve la quinte altérée de la résonnance. Car il ne suffit pas de savoir que le tempérament pratique est une conséquence directe du tempérament naturel, il faut encore savoir comment et dans quel sens les altérations doivent avoir lieu, non-seulement pour les quintes, mais pour les autres consonnances.

Pour parvenir à cette connaissance nous aurons recours et à l'oreille et aux calculs mathématiques employés dans cette nomothésie.

215. — D'après la 3e loi musicale l'échelle d'une tonique est limitée au grave par cette tonique, et à l'aigu par sa note d'octave.

D'après la 5e loi, la note d'octave d'une échelle, devient elle-même tonique fondamentale d'une échelle immédiatement supérieure.

Les toniques fondamentales et leurs échelles n'étant ainsi que la répétition exacte les unes des autres à un intervalle d'octave, il s'en suit :

1° Que tous les sons fondamentaux ainsi que les sons homonymes que renferment leurs échelles respectives, doivent former entre eux, chacun à chacun, une suite d'intervalles d'octave de la plus grande justesse ;

2° Que les intervalles consécutifs de même espèce qui remplissent l'octave et en atteignent les limites doivent être tellement répartis qu'ils coïncident également tant entre eux qu'avec la note grave ou fondamentale et avec la note aiguë ou l'octave.

Or, les intervalles consonnants de même espèce renfermés consécutivement dans l'octave du système général sont :

Trois tierces majeures *ut-mi*, *mi-pho* et *pho-ut*.

Et quatre tierces mineures *ut-lo*, *lo-sym*, *sym-la* et *la-ut*.

Pour connaître avec certitude si ces tierces doivent être altérées et dans quel sens elles doivent l'être, soumettons-les aux deux épreuves suivantes l'une physique, l'autre mathématique.

TIERCES MAJEURES.

216. — *Épreuve physique.* — Accordons, sur l'orgue, par exemple l'*ut* tonique et l'*ut* octave justes et sans battements ; comme étant deux toniques fondamentales.

Accordons ensuite la tierce majeure *ut-mi* juste et sans battement ; puis la tierce *mi-pho* encore juste ; si alors nous faisons résonner ensemble les deux sons *pho* et *ut*, cette dernière tierce sera d'une dureté et même d'une fausseté insupportable. En sorte que, pour rendre cet *ut* octave juste avec *pho*, il faudrait le baisser de manière à en faire un son intermédiaire entre *si* et *ut*.

Trois tierces majeures consécutives font donc un intervalle moindre que l'octave.

Épreuve mathématique. — La tierce majeure a pour rapport numérique $\frac{4}{5}$.

Or, $\frac{4}{5} \times \frac{4}{5} \times \frac{4}{5} = \frac{64}{125}$ rapport moindre que celui $\frac{64}{128}$ de la tonique à l'octave.

Il résulte de ces deux épreuves que les trois tierces majeures ne pouvant atteindre l'octave doivent être tempérées en rendant chacune d'elles plus forte.

TIERCES MINEURES.

217. — *Épreuve physique.* — Si l'on accorde juste les trois tierces mineures *ut-lo*, *lo-sym* et *sym-la*, ce *la* fera sur l'*ut* octave une tierce d'une fausseté insupportable. Mais ici pour rendre cet *ut* juste avec le *la*, il faudrait le hausser, et en faire un son entre *ut* et *mé*.

Épreuve mathématique.—Le rapport de la tierce mineure $\frac{5}{6} \times \frac{5}{6} \times \frac{5}{6} \times \frac{5}{6} = \frac{625}{1296}$ rapport plus grand que celui de l'octave $\frac{648}{1296}$ ou $\frac{1}{2}$.

Il résulte aussi de ces deux épreuves que la somme des quatre tierces mineures renfermées dans l'octave, forme un intervalle plus grand que l'octave.

Il faut donc que chacune de ces quatre tierces mineures *ut-lo*, *lo-sym*, *sym-la*, et *la-ut* soit tempérée et rendue plus faible.

218. — D'un autre côté, si l'on accorde *juste*, et si l'on multiplie une suite de douze quintes comme *ut-sol-re-la-mi-si-sym-mé-pho-lo-nie-fa-ut*, rapportant dans l'octave grave *ut-ut* les quintes qui s'en écartent, on aura pour résultat que le dernier *ut* produit par cette suite de quintes donnera un son plus aigu que l'*ut* d'octave, un son intermédiaire entre *ut* et *mé*.

Il résulte de là que les battements de la quinte que nous cherchions dans le tempérament doivent s'obtenir en affaiblissant cet intervalle.

D'après toutes ces données, il est facile de voir qu'en tempérant les douze quintes d'*ut* à *ut*, on tempère toutes les notes de l'octave du système général, ce qui ne pourrait avoir lieu, ni par la suite consécutive des tierces majeures, ni par celle des tierces mineures.

Et de plus, les battements des quintes se distinguent beaucoup plus facilement, sont moins fréquents et moins rapides, et par conséquent plus aisés à compter que les battements des tierces.

Ainsi tout concourt pour nous autoriser à tempérer par les quintes qui, comme on l'a vu, doivent toutes être faibles.

219. — Pour parvenir à tempérer les quintes d'une manière égale, rappelons-nous (40) que, dans les intervalles également altérés, les battements sont entre eux comme les vibrations. Par conséquent, pour altérer les quintes et en faire des intervalles égaux, elles ne doivent pas rendre le même nombre de battements. Ainsi, par exemple, les battements de la quinte *ut-sol* doivent être moins fréquents que ceux de la quinte *sol-re*, et ainsi des autres quintes suivant leur degré de gravité et d'acuité [1]. C'est là, du reste, ce que la pratique seule peut enseigner dans l'état actuel de la science musicale, en tant que science physico-mathématique.

[1] Suivant le P. Mersenne, « s'il faut que les tuyaux battent par exemple dix fois dans « une seconde pour faire la quinte tempérée, l'on sera assuré que l'orgue sera d'ac- « cord quand toutes les quintes battront dix fois. » (Liv. VI des orgues, page 367.) Le P. Mersenne tombe ici dans une grande erreur, et je dois prévenir qu'en suivant ce conseil, l'on n'arrivera jamais à bien accorder.

PREUVES DE LA RÉPARTITION.

220. — La preuve de la bonne comme de la mauvaise répartition des quintes s'obtient par les tierces, ainsi qu'on va le voir.

Si, après avoir accordé deux quintes de suite, comme *ut-sol* et *sol-re*, l'on abaisse ce *re* d'un intervalle d'octave *juste*, on obtiendra un son *re* à un ton de distance de l'*ut* fondamental. Si, partant ensuite de ce *re* ainsi abaissé, on accorde deux autres quintes *re-la* et *la-mi*, ce *mi* ramené dans l'octave grave, y complétera les deux tons ou la tierce-majeure *ut*, *re*, *mi*.

Puisque la suite de quatre quintes donne deux tons ou une tierce-majeure, il est évident qu'en ramenant dans l'octave grave, toutes les quintes qui s'en écartent, la suite des douze quintes y donnera les trois tierces-majeures *ut-mi*, *mi-pho*, et *pho-ut*.

Il n'est pas moins évident que si les douze quintes ont été altérées et réparties bien également, l'octave se trouvera divisée par elles en douze intervalles ou demi-tons égaux ; et par cette seule raison, les tierces, tant majeures que mineures, ainsi que les tons et les demi-tons qui les composent, se trouveront répartis en même temps d'une manière tout aussi égale.

221. — Mais remarquons-le bien, si par le procédé que nous venons d'indiquer les trois tierces-majeures *ut-mi*, *mi-pho* et *pho-ut* se trouvent réparties également, c'est uniquement parce que les quintes dont elles résultent l'ont été préalablement. La répartition des tierces dépendant ainsi de celle des quintes, il s'ensuit que la mauvaise répartition de ces dernières entraîne nécessairement celle des premières.

En procédant ainsi, les preuves par les tierces peuvent donc n'être pas exactes, malgré l'attention qu'on y apporte, non pas parce que les battements des tierces, ou plutôt leurs tintements sont plus rapides et se distinguent moins facilement que les battements des quintes, mais parce que, dans les accords également altérés, les battements étant entre eux comme les vibrations, on ne peut établir un terme de comparaison entre les battements de la tierce *ut-mi* résultant des quatre premières quintes accordées, et ceux des deux tierces qui doivent résulter des autres quintes à accorder. En sorte que, ne pouvant faire la preuve exacte par les tierces qu'après l'accord des douze quintes, si alors la répartition est trouvée mauvaise, on est exposé à la recommencer et à la refaire en entier.

222. — Le moyen de se rendre compte de la justesse des altérations

des douze quintes, dans le courant de leur répartition, et de n'avoir jamais à refaire celle-ci en entier, est de répartir premièrement les trois tierces-majeures consécutives de l'octave. Cette répartition des trois tierces-majeures de l'octave, comme jalons, présente le double avantage d'être à la fois sûre et facile. J'en parle d'après une expérience de longue date.

Pour bien altérer les trois tierces-majeures de l'octave, il faut que les battements de la tierce grave ou première tierce soient moins fréquents que ceux de la seconde; et ceux de cette seconde tierce aussi moins rapides que ceux de la tierce aiguë [1].

Mais nous le répétons, les meilleurs guides dans l'appréciation de ces battements sont une oreille exercée et une grande pratique.

223.— En commençant ainsi la répartition par celle des trois tierces-majeures consécutives de l'octave, et en les altérant si bien qu'on n'ait plus à y toucher, on divise la répartition des douze quintes de l'octave en trois parties égales de quatre quintes chacune. En sorte qu'arrivé à l'accord de la quatrième quinte on rencontre la tierce qui sert de jalon, et on reconnaît de suite la bonne ou la mauvaise répartition des trois autres quintes accordées précédemment, car cette quatrième quinte de chaque partie doit être telle que, sans y toucher, elle fasse avec la tierce déjà accordée une quinte altérée égale aux trois premières quintes. S'il en était autrement, on vérifierait en revenant sur ses pas, et l'on corrigerait la quinte ou les quintes sur lesquelles on a trouvé l'erreur.

En procédant ainsi, on a trois preuves certaines dans le courant de la répartition; et dans aucun cas, l'on n'a jamais plus de trois quintes à retoucher de suite, attendu que la tierce qui fait la quatrième quinte a été accordée et altérée d'avance, et sert ainsi de jalon.

224. — L'on ne saurait trop profiter de toutes les preuves que l'on peut obtenir dans le courant d'une répartition, c'est pourquoi on doit faire, aussi souvent qu'on le peut, la preuve des quintes et des octaves par les quartes.

Car le rapport de la quinte $\frac{2}{3} \times \frac{3}{4}$ rapport de la quarte donne $\frac{6}{12}$ ou $\frac{1}{2}$ rapport de l'octave.

[1] L'auteur du manuel complet du facteur d'orgues, tout en *proposant*, dans le 3e volume, d'établir les trois tierces majeures comme jalons, fait, à l'égard des tierces, la même erreur que le P. Mersenne à l'égard des quintes. « Mais, dit-il, comme en ac« cordant ces tierces justes, on n'arriverait point à l'octave, il faut les forcer toutes de « manière à ce qu'elles fassent autant de battements l'une que l'autre. » L'on voit bien que l'auteur n'a pas mis en pratique la répartition qu'il propose.

D'un autre côté, deux sons étant entre eux à une octave juste, si l'on accorde avec l'un d'eux une quinte juste et sans battements, la quarte fera aussi sur l'autre un intervalle juste et sans battements.

Il suit de là : 1° En affaiblissant la quinte on renforce la quarte de la même quantité, en sorte qu'en les comparant entre elles, elles peuvent se servir réciproquement de preuves ; 2° la répartition peut donner les mêmes résultats qu'on la fasse par les quintes ou par les quartes pourvu qu'on prenne leur altération en sens inverse : et même si l'on ne veut pas sortir des bornes de l'octave, en la faisant alternativement par quinte et par quarte. L'essentiel dans tout cela est de se rappeler que la rapidité des battements est comme l'acuité des sons.

225. — Accorder une suite d'intervalles semblables, de quintes, par exemple, en les prenant du grave à l'aigu et en modifiant le son aigu de chacune, s'appelle accord par quintes ascendantes ; et accord par quintes descendantes si l'accord se modifie par le son grave.

Bien que la répartition des sons puisse se faire soit par les quintes ascendantes, soit par les quintes descendantes, les dernières sont préférables, et surtout pour l'accord des pianos ; parce qu'en haussant le son grave pour affaiblir la quinte, on passe par la quinte juste, qui, par le même mouvement de la clef, s'altère plus exactement et avec plus de facilité ; et de plus, l'accord du piano, obtenu en haussant le son, se conserve mieux.

Le premier son sur lequel on s'appuie pour faire la répartition est tout à fait arbitraire. Cependant dans les instruments dits en *ut*, on prend pour point de départ le *la*, à cause de son unisson avec le diapason de l'Opéra qui donne cette note ; et que nous prendrons aussi pour base.

§ 3.

MANIÈRE D'OPÉRER LA RÉPARTITION.

226. — Nous allons décrire la manière d'opérer la répartition dans le tableau suivant, en tête duquel se trouvent placés les sons à répartir. Les mots écrits en lettres majuscules désignent les sons répartis et servant de base pour l'accord des sons écrits en lettres italiques.

TABLEAU

DE LA RÉPARTITION DES SONS MUSICAUX.

LA NIE SI UT MÉ RE LO MI FA SYM SOL PHO LA NIE SI UT MÉ RE LO MI

1re PARTIE. Répartit. des 3 tierces maj. de l'octave.

la.................... octave juste .... LA

LA . . tierce forte . . *mé*
bat. les moins rap.

MÉ . . tierce forte . . . *fa*
bat. plus rapides.

FA . . . tierce forte . . . . LA
bat. les plus rap.

2e PARTIE. Répartition des 4 quintes *la-re-sol-ut-fa.*

re .... 1re quinte faible .... LA

RE .... octave juste .... *re*

sol .... 2e quinte faible .... RE

ut .... 3e quinte faible .... SOL

UT .... octave juste .... *ut*

FA .... 4e quinte faible .... UT
preuve.

3e PARTIE. Répartition des 4 quintes *fa-nie-lo-pho-mé.*

nie ...... 1re quinte faible ...... FA

NIE .... octave juste .... *nie*

lo .... 2e quinte faible .... NIE

LO .... octave juste .... *lo*

pho .... 3e quinte faible ...... LO

MÉ .... 4e quinte faible .... PHO
preuve.

4e PARTIE. Répartition des 4 quintes *mé-sym-si-mi-la.*

MÉ .... octave juste .... *mé*

sym .... 1re quinte faible .... MÉ

si .... 2e quinte faible .... SYM

SI .... octave juste .... *si*

mi .... 3e quinte faible .... SI

MI .... octave juste .... *mi*

LA ..... 4e quinte faible ...... MI
preuve.

227. — Dans ce tableau la répartition se divise en quatre parties : la première a pour objet l'établissement des trois tierces-majeures de l'octave.

On commence l'opération par mettre le *la* à l'unisson du diapason Ce point de départ étant obtenu, on accorde le *la* à l'octave grave.

On accorde ensuite la note *mé* sur ce *la* grave, et la note *fa* sur le *la* aigu, pour avoir les trois tierces-majeures *la-mé-fa-la*, observant que les battements soient moins rapides dans la tierce *la-mé* que dans la tierce *mé-fa* ; et moins rapides dans celle-ci que dans la tierce *fa-la*.

Quand on a bien réparti ces trois tierces-majeures entre les sons *la-mé-fa-la* auxquels il ne faut plus toucher, on peut regarder la répartition comme sûre : le reste est facile.

Les trois autres parties étant distinctes et indépendantes, l'on pourrait commencer indifféremment par l'une ou par l'autre. Cependant, pour procéder avec ordre, on doit partir du *la* aigu, en accordant par quintes descendantes, et par octaves ascendantes, ainsi que l'indique le tableau.

Si la répartition se fait couramment dans chaque partie, l'on ne doit avoir à y accorder que trois quintes. La quatrième, par exemple *fa-ut*, dans la 2e partie, doit présenter, sans qu'on y touche, la même altération que les autres. S'il en est autrement, il faut revenir sur ses pas en comparant les trois autres quintes, et se garder de toucher aux deux jalons *fa* et *la*.

228. — La répartition des douze quintes étant faite, l'on accorde les basses et les dessus par octaves justes et sans battements, en prenant pour points de départ les notes de la répartition. Les basses demandent un peu plus d'attention que les dessus ; car un battement par quatre secondes dans un tuyau de seize pieds équivaut, dans celui d'un pied, à seize battements dans le même temps, ou à quatre battements par seconde. La facilité dans l'accord des basses est donc plutôt apparente qne réelle et peut conduire à des erreurs que l'on doit éviter.

CHAPITRE QUATORZIÈME

RÉCAPITULATION.

§ 1er.

PREMIÈRE CONDITION DE L'UNITÉ DANS LES CHANTS LITURGIQUES.

229. — Dans la classe des choses incontestables et incontestées, on pourrait placer au premier rang le pouvoir de la musique sur le cœur humain et son influence sur les mœurs : l'histoire nous en fournit les preuves. Ces résultats fussent-ils méconnus, que l'importance de la musique sacrée serait aujourd'hui suffisamment constatée par l'empressement et le zèle avec lesquels des hommes érudits, des musiciens distingués ont recherché et recherchent encore les chants des premiers temps de la chrétienté.

A différentes époques, des hommes célèbres à plus d'un titre, et par leur savoir et par leur esprit aussi vaste qu'ingénieux, se sont posé le problème suivant : *Rétablir dans leur véritable sens les chants religieux dont l'origine remonte à saint Grégoire le Grand.*

La grandeur de ce problème, l'importance de sa solution étaient dignes de fixer, et elles fixèrent en effet l'attention des hommes les plus éminents dans la science musicale. Malheureusement, au lieu d'aller droit au but, négligeant le fond de la question pour ne s'attacher qu'à la forme, leurs recherches ne produisirent pas les résultats qu'ils en attendaient. Il y a même plus, pour quelques-uns, ces recherches, loin d'avoir apporté la moindre clarté dans les chants liturgiques, les avaient de plus en plus éloignés de leur beauté originaire Et comme, dans cette voie, à défaut de principes, une erreur en entraîne une autre, en voulant sortir de ce labyrinthe infranchissable pour eux, ils l'avaient rendu infranchissable aux autres ; à tel point qu'aujourd'hui, de l'aveu même des maîtres de la musique sacrée, celle-ci se trouve rayée du catalogue des arts [1].

230. — D'aussi déplorables résultats ont produit chez les vrais ar-

[1] « L'art musical s'affaiblit progressivement en France, sous tous les rapports, *parce qu'il a cessé d'exister à l'Église.* (M. Danjou, *Revue de la Musique religieuse, populaire et classique*, p. 8.)

tistes modernes, chez ceux-là qui savent apprécier ce qu'il y a encore de grand et de beau dans le chant sacré, une anxiété d'autant plus vive, que chaque pas fait jusqu'ici pour s'en approcher avait tendu à en éloigner et à le faire disparaître complétement. A tout cela, venant se joindre comme conséquence la discordance des livres actuellement en usage, on s'est de nos jours posé cette question : *L'unité dans les chants liturgiques est-elle possible aujourd'hui ?*

Alors, se rappelant ces paroles de l'empereur Charlemagne à ses chantres : « Remontez donc, disait-il, à la fontaine de saint Grégoire dont vous avez évidemment corrompu le chant, » alors, disons-nous, on s'est adonné de nouveau et exclusivement à la recherche des chants composés par saint Grégoire lui-même, comme le seul moyen d'obtenir cette unité depuis longtemps si vivement désirée.

231. — Ces recherches ont amené la découverte d'anciens manuscrits dont deux, déjà célèbres, ont donné lieu à de graves discussions. Reconnus par leurs partisans, l'un comme le répertoire le plus complet de tous les types ou formules du chant grégorien ; l'autre comme une copie authentique de l'antiphonaire de saint Grégoire. On en a extrait et cité à l'appui une pièce de chant que l'on attribue à ce grand homme, et qui ne saurait être tout au plus qu'une copie altérée de son œuvre.

L'analyse et un examen attentif de ce chant, soit dans les écrits ci-dessus, soit dans les livres actuellement en usage, y font reconnaître une erreur grave provenant d'une annotation contraire au sens même du texte et au sens musical, dont ne saurait s'écarter aucun chant religieux ou autre ; et de plus, des complications inutiles que l'on ne doit point rencontrer dans l'œuvre d'un saint Grégoire. Interpréter ainsi l'œuvre du plus populaire des musiciens, c'est, à proprement parler, en céler l'intelligence, c'est lui enlever sa simplicité et cette clarté qui a fait dire à un savant bibliographe, M. Nisard : « Saint Grégoire, travaillant pour l'Eglise universelle, a dû écrire en signes clairs et tout à fait intelligibles. » Cela est d'autant plus exact que le chant ecclésiastique bien compris, s'applique parfaitement aux nomes musicaux : et cette application en fait, par la traduction des modes, un chant d'une extrême simplicité, d'une grande facilité, à portée de toutes les voix et accessible à toutes les intelligences.

Dans la recherche du chant grégorien, on a encore cette fois négligé le fond pour ne s'attacher qu'à la forme. Dans le seul but d'obtenir la lettre, on a fait l'abandon de cet esprit mélodique qui, aujourd'hui plus que jamais, tend à disparaître de jour en jour.

232. — Mais la seule découverte des chants grégoriens pourrait-elle amener l'unité dans les chants liturgiques ?

Evidemment non.

L'on ne saurait attribuer à saint Grégoire le Grand tous les chants usités dans l'Église romaine. Et si les Fortunat, les Charlemagne et autres ont doté l'Église de plusieurs belles mélodies, d'autres aussi y ont introduit des chants plus que médiocres. Dès lors, pour obtenir l'unité du chant ecclésiastique, il faut supprimer ou corriger ceux qui ne s'accordent pas avec les principes de ce chant, principes qu'il n'a pas dépendu de saint Grégoire de nous transmettre. Ils ont subi le sort de beaucoup d'autres beaux arts qui se sont éclipsés et même perdus pendant les siècles de barbarie.

Le problème de l'unité dans les chants liturgiques se poserait donc ainsi : *Posséder, avant tout, les lois et les principes sur lesquels sont basés les chants de l'Église.*

§ 2.

COMPTE-RENDU.

233. — Le problème ainsi posé, nous aussi, nous avons cru pouvoir en obtenir la solution en remontant à la source. Deux moyens semblaient s'offrir à nous. L'un, l'étude des ouvrages traitant de la musique des différentes époques, ne nous a pas plus réussi qu'aux nombreux écrivains qui l'ont tenté avant nous ; l'autre, devenu notre unique ressource, consistait à chercher ces lois dans la source primitive de tout art et de toute science, dans la nature même. Au public seul appartient de prononcer si ce moyen nous a réussi. Cette récapitulation est le compte-rendu des deux moyens que nous avons employés.

L'histoire du chant d'Église, jointe à l'état où nous le trouvons aujourd'hui, nous a obligé à diriger nos recherches sur les trois musiques ancienne, religieuse et moderne.

MUSIQUE ANCIENNE.

234. — D'après l'opinion commune, le chant d'Église, étant emprunté aux anciens Grecs, nous avons d'abord interrogé les auteurs que nous connaissions pour avoir traité de la musique ancienne. A

toutes nos questions sur les principes du tétracorde de Mercure, des systèmes, des genres, des nomes et des modes, pas une seule réponse. Ils n'ont pu justifier un seul des attributs de la musique ancienne.

En nous adressant à la nature, nous avons obtenu de la quatrième loi fondamentale les principes constitutifs de la musique; les intervalles consonnants et les dissonants, le tétracorde naturel, les divers systèmes, les genres et enfin les nomes ou gammes naturelles.

MUSIQUE RELIGIEUSE.

235. — Nos recherches sur la musique ancienne ne pouvaient nous dispenser d'interroger les écrits qui ont paru sur la musique sacrée, objet de nos études. Les auteurs de ces écrits, ne pouvant rendre raison des attributs du plain-chant, vont jusqu'à les nier. C'est ainsi que, des quatre genres dont il se compose, ils ne reconnaissent qu'un seul, le diatonique. Aussi, n'ont-ils pu donner ni la vraie définition du mode, ni la raison pour laquelle il y en aurait plutôt quatorze que quatre. Enfin, l'on a vu les singulières réponses de quelques-uns sur la cause des altérations que l'on rencontre dans certaines pièces de chant.

En nous adressant à la nature, nous avons des réponses plus explicites. Partant de la quatrième loi fondamentale, nous sommes arrivés de déduction en déduction à la constitution des quatorze nomes et à leur réduction en quatre mixtions qui renferment toutes les combinaisons des intervalles musicaux, des genres et des nomes. Enfin, pour faire disparaître les difficultés que ces nomes et ces mixtions présentent dans la pratique, nous avons vu les quatorze nomes se convertir en quatorze modes, et les quatre mixtions nomales en quatre mixtions modales.

MUSIQUE MODERNE.

237. — Le chant religieux, essentiellement mélodique, l'est encore uniquement pour la plupart des églises. Si, à la voix humaine viennent se joindre celles de l'orgue et de plusieurs autres instruments, si l'harmonie s'applique quelquefois à ce chant, ce n'est que d'une manière tout à fait accessoire; mais cette application nous oblige à rechercher les principes tant de l'harmonie que de la mélodie, et à consulter par conséquent les musiciens modernes.

Ceux-ci reconnaissent que tous les sons musicaux sont contenus dans l'octave, et cependant leur basse fondamentale n'engendre pas un seul son dans toute l'étendue de son octave. Ce n'est qu'en y ramenant arbitrairement les sons qu'elle engendre dans les 2e et 3e octaves supérieures que l'on obtient, tout au plus, la tierce majeure et la quinte. Cette basse fondamentale ne peut donc rendre raison ni de la quarte, corde essentielle de tonalité, ni de la tierce mineure, corde essentielle du genre mineur, ni de la seconde majeure, ni de la seconde mineure, corde essentielle du genre syntonique, genre dont la musique moderne, à l'imitation du chant d'Église, pourrait tirer un grand parti.

La basse fondamentale, dont nous avons posé les lois, nous procure tous les sons qui entrent dans la composition de la mélodie et de l'harmonie. Elle engendre sans effort la tierce mineure et la quarte dont les musiciens avaient jusqu'ici vainement cherché l'origine. Enfin, elle enrichit la musique moderne en mettant à sa disposition les quatre genres de la musique des anciens Grecs [1], et les quatorze nomes du plain-chant de l'Église [2].

En résumant ainsi, d'une part, ce que nous apprennent les musicographes des temps anciens, du moyen âge et des temps modernes; de l'autre, les principes par nous établis et les attributs qui en résultent, nous mettons le lecteur à même de juger si nous avons résolu le problème énoncé dans le § précédent.

INSTRUMENTATION.

237. — La réunion des instruments à la voix nous semblait incomprise et demandait des éclaircissements. Les nomes, les modes et les transpositions paraissaient confondus dans la même idée.

L'analyse, en nous faisant reconnaître la nécessité d'une transaction entre la voix et les instruments, nous a conduit à une connaissance exacte des diverses échelles tonales, des modes, des transpositions et des transmutations.

[1] « Nous ne pouvons, dit M. Vincent, quitter ce sujet (genre), sans faire remarquer encore l'avantage immense que les anciens Grecs avaient sur nous, et qu'ils trouvaient dans l'emploi de leurs modes. » (*Notices et Extraits*, pag. 101.)

[2] « Loin qu'on doive porter notre musique dans le *plain-chant*, je suis persuadé, dit Rousseau, qu'on gagnerait à transporter le plain-chant dans notre musique; mais il faudrait avoir pour cela beaucoup de goût, encore plus de savoir et surtout être exempt de préjugés. » (*Dict. de Mus.*, PLAIN-CHANT.)

TEMPÉRAMENT.

238. — La question du tempérament, l'une des plus importantes de la musique, soulevée par Pythagore et Aristoxène, était restée jusqu'ici sans solution.

En constatant l'altération des sons de la résonnance, en découvrant la loi du tempérament naturel, nous croyons avoir obtenu la solution la plus complète de ce problème. Cette loi, en prescrivant, pour tous les instruments, la répartition des intervalles tempérés que nous avons indiquée pour l'orgue, a pour effet de simplifier la musique, et d'en rendre l'étude infiniment plus facile en supprimant à la fois une foule de difficultés : les commas, limmas, apotomes, et toute distinction des tons et des demi-tons en maximes, majeurs, moyens et mineurs.

La loi des intervalles tempérés de la résonnance nous laisse deux moyens d'établir les lois musicales. L'un, de recourir aux rapports numériques des longueurs des cordes et des fractions de cordes, considérées géométriquement, et par conséquent aux rapports exacts qui ont été admis jusqu'ici. L'autre consiste à négliger toute espèce de calcul, en prenant pour base le tempérament naturel ou les sons altérés de la résonnance. L'un et l'autre de ces moyens conduisent aux mêmes conséquences, c'est-à-dire à la formation des systèmes, des genres et des nomes. En donnant, comme nous l'avons fait, la description du premier moyen, qui du reste comprend le second, nous avons mis le lecteur à même de mieux apprécier ce qu'il y a de vrai ou d'absurde dans les théories musicales des anciens et des modernes.

240. — Les lois que nous avons découvertes à l'aide des observations les plus scrupuleuses de la nature, et les conséquences qui en découlent nous semblent d'autant plus empreintes du cachet de la vérité, 1° que tout ce qu'il y a de vrai et de positif dans les trois musiques ancienne, religieuse et moderne concorde parfaitement avec nos principes. Tels sont : dans la musique ancienne, le tétracorde de Mercure, les divers systèmes faussement appelés genres, les quatre genres eux-mêmes, et enfin les nomes et les modes grecs; dans le plain-chant, les modes simples, au nombre de quatorze et les quatre modes attribués à saint Ambroise; dans la musique moderne, le genre majeur et le genre mineur, en tant que celui-ci appartient au genre du mode, et non à la modulation ; — 2° que les attributs résultant de ces lois, tous appliqués au chant d'Église, sont applicables à la musique moderne,

en sorte que l'unité de nos principes, jointe à l'unité de notation que nous avons proposée, aurait pour conséquence la fusion des deux musiques religieuse et moderne.

Tel est le compte-rendu de notre travail.

J'ose encore le répéter : des trois conditions sur lesquelles repose l'unité dans les chants liturgiques, j'ai la conviction d'avoir rempli la première. Que chacun, en ce qui le concerne, fasse que les deux autres le soient de même.

TABLE DES MATIÈRES

CHAPITRE III. — INTERVALLES APPRÉCIABLES.

CHAPITRE IV. — SYSTÈMES MUSICAUX.

CHAPITRE V. — GENRES MUSICAUX.

APPENDICE AU CHAPITRE V.

CHAPITRE VI. — TONIQUES AUXILIAIRES.

CHAPITRE VII. — NOMES.

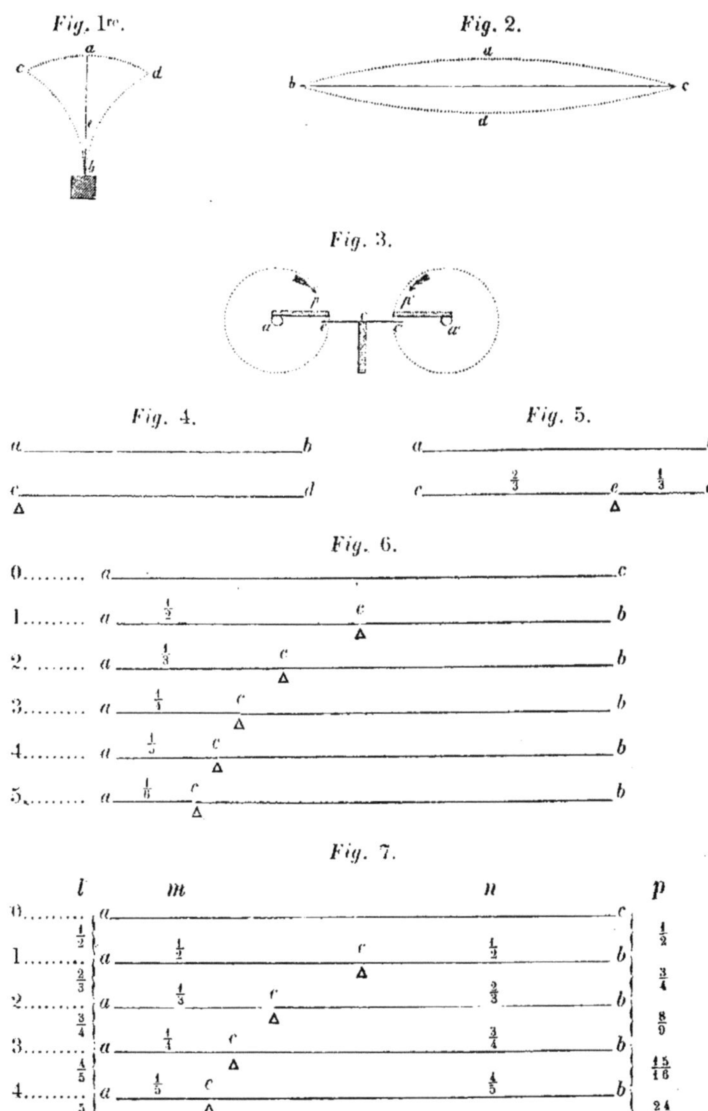
Fig. 1re.
Fig. 2.
Fig. 3.
Fig. 4.
Fig. 5.
Fig. 6.
Fig. 7.
l
m
n
p
9/10
1/10
9/10
80/81

www.ingramcontent.com/pod-product-compliance
Ingram Content Group UK Ltd.
Pitfield, Milton Keynes, MK11 3LW, UK
UKHW020249180726
13839UKWH00001B/257